女らしくなく、男らしくなく、自分らしく生きる

露の団姫

TSUYUNO MARUKO

春秋社

はじめに

はじめまして

はじめまして。私、落語家で天台宗僧侶の露の団姫と申します。現在三十二歳。太神楽曲芸師の夫と五歳になる息子とともに兵庫県尼崎市で暮らしています。

私は一九八六年、五黄の寅といわれる年に生まれました。昔から「五黄の寅年生まれ」というだけで、年配の男性からは「強い女」「旦那さんが可哀そう」などと笑われてきましたが、今では「そうですねん！　でも夫は可哀そうどころか喜んでますけど？（笑）」と笑い飛ばしながら生きています。

さて、そんな一九八六年という年は、世界ではチェルノブイリの原発事故が起こり、宗教界ではイタリアのアッシジで「世界平和の祈りの集い」が開催され、日本国内では「男女雇用機会均等法」の施行にともない女性の社会進出が期待されはじめた頃でした。

そのような時代に「鳴海家」の三女として生まれた私ですが、当時、父は冠婚葬祭企業のマナーアップ講師、母は専業主婦でしたが、その後、行政書士となり、カウンセラーとなりました。私には姉が二人いて、長女は気が強くしっかり者。勉強も良くできて地元の有名私立へ進学。卒業後はブランド食器のデザイナーとなり、現在は英語を活かした仕事に就いています。反対に、次女はおっとりとした控えめタイプ。決して派手ではありませんがコツコツと勉強をして、京都の外語大を卒業。今は特殊製品の受注事務に徹する毎日です。

そんな両親と姉のもとへ生まれてきた私は、「ハトル」と名付けられました。この名前はここから三十一年後にワケあって戸籍上改名することになりますが、エジプトの民間信仰で「愛と喜びの女神」である〝ハトル〟という名は、私にとっての宝物であり、誇りでした。

死への恐怖

私の一番古い記憶といえば、幼稚園のときです。私の父はいわゆるバツイチで、母とは再婚でした（本人は再婚して幸せなのでマルイチと呼んでいます！）。再婚したのが四十歳、そこから三女をもうけるわけですから、私が生まれたとき、父は四十五歳となっていました。そして、幼稚園へ通うようになると、それまで気にもとめていなかった父の年齢が気になるようになりました。「あれ？　なんだか変だな」……と。そう、その頃の私には、我が父が友達のお父さんよりもだいぶ老けて見えたのです。するとあるとき、こんな不安に襲われました。

「うちのお父さんは、すごく年寄りなんだ。うちのお父さんはおじいちゃんだから、いつ死んでもおかしくない！」

幼稚園児の発想ですから、ぶっ飛んでいます。でも、本当にそう感じ、「死」というものにとてつもない恐怖を抱くようになったのでした。それからというもの、私は毎晩布団へ入ると「死」について考え、その恐怖から涙を流していました。「父が死んだらどうなるのだろう、自分も死んだらどうなるのだろう……この恐怖を解決しなければ、生きていけない」。答えの分からない問題と格闘しながら眠りについていました。

とはいえ、基本的には明るい性格でしたから、毎日泣いたり笑ったりしながら元気に育ち、小学生のときに古典芸能への関心から劇団ひまわりへ入りました。中学生になるとドラマでチョイ役をするようにもなり、毎日が充実していました。それでも、夜になると布団の中で「死」とはなにかを問い続けていました。

ある日のこと。中学校の授業で世の中には宗教というものがあることを知り、ピーン！ときました。「宗教が私を死の恐怖から救ってくれるに違いない！」。そこで、高校に入ったらバイトをして、そのバイト代で宗教の勉強をしようと決めたのです。

高校に入る頃には、将来の夢は「落語家」と定まっていました。劇団ひまわりでの公演で仲間が台詞を忘れたことをきっかけに皆で大喧嘩となり、「こういうのってなんだかやだなあ。泣いても笑っても自分で責任をもって演じられるものはないか」と考えた末、落語に辿りついたのでした。もともと古典芸能への興味からはじめた劇団ひまわりだったので、こういう運命だったのかもしれません。

高校へ入学すると、早速、回転すし屋でバイトをはじめました。はじめてのバイト代を持って書店へと走ると、聖書、コーラン、神道、仏教……色々な宗教書を買いあさり、学校の勉強などそっちのけで読み進めました。そして、本で宗教を学んでいくうちに、どんな宗教もそれぞれ素晴らしい！と感激すると同時に、人生の指針となる法華経というお経に出会いました。

法華経には「この教えを素晴らしいと思った人は、自分の個性で教えを広めなさい」といったススメがあります。その教えを知った瞬間、すでに落語家を志していた私の頭の中に、「落語家となり僧侶となって、落語で仏教を広める」――そんな将来のビジョンがはっきりと映し出されたのでした。

そこで、高校在学中から二代目露の五郎兵衛一門、露の団四郎師匠へ入門志願をし、卒業後に入門。その後、二代目五郎兵衛師匠宅で三年間の内弟子修業を経てひとり立ちをしました。それからは仕事の合間に比叡山へ通い、二十五歳で得度を許され出家。すぐに剃髪し修行へ入り、天台宗の僧侶としてもスタートをきったのでした。

とはいえ、「落語家」も「お坊さん」も、アイドルや弁護士のように、誰かが羨むような仕事ではありません。むしろ「落語家になりたいとか変わってるよねー」とか、「尼さんなんかになったら髪の毛剃らなきゃなんないんでしょ? 私、無理ー(笑)」と笑われることも多々ありました。それでも、私にとっては生涯をかけて「やりたい仕事」であり「やらなければいけない仕事」であるため、ただまっすぐ進むのみ、と生きてきたのです。

生きづらさ

しかし、やりたい道へすすむということは、どんな世界でも決して容易ではありません。私のように誰も羨むような人がいない仕事であっても、少し目立てば一部の男性からは「女のくせに」と睨まれ、成果をあげれば「女はいいよな」と、まるで性別によって得た結果のように置き換えられてきました。さらには同性からも「男を立てるという世渡りを知らない」と陰口を叩かれ、うんざりしていました。

そして、私生活においてもこのような不快感は私を苦しめました。独身の頃は仕事に打ち込めば打ち込むほど「仕事はいいから結婚しろ」といわれ、結婚したら「子どもはまだか」、出産したら「二人は生まないと」……と、常に言葉の暴力にさらされ、「私はあなたや世間様を満足させるために生きているんですか?」と、何度も叫びたくなったものです。

しかし最近、こういった言動や行いをする人たちこそ性別にとらわれている「被害者」であると感じるようになりました。だからといって誰かが傷つけられて良い理由にはなりませんので、少しずつでもこの状況を変えていかなければ「生きづらさ」を感じる人は増え続ける一方ではないかと思います。

では、この負の連鎖から男女ともに抜け出すにはどうしたら良いのでしょうか?　その秘訣こそが「性別にとらわれない生き方」だと私は確信を持っています。「性別にとらわれない生き方」は、様々な良い効果、良いご縁をもたらします。自身はもちろん、周囲の人も幸せにすることができるのです。

仏教では、どんな物事にも意味があると考えます。小さい頃から「なぜ女に生まれてしまったのだろう」と考えてきましたが、今では「女性」という「生きづらい性の当事者」だからこそ皆さんにお伝えできることがあるはずだと、自身の性を前向きにとらえています。

本書では、私が実際に感じ、経験してきたことから、昨日の涙を明日への活力にするためのお話しをさせていただきます。ページをめくれば、もう、あなたと私は共に生きる仲間です。

それではただ今より、露の団姫の「女らしくなく、男らしくなく、自分らしく生きる」、開演でございます。

女らしくなく、男らしくなく、自分らしく生きる

目次

女らしくなく、男らしくなく、自分らしく生きる

第1章　自分らしく！

母

仕事へ行く母

「なんで仕事へ行くの！　お母さんなんだから家にいてよ！」――その日も、私は仕事へ行こうとする母にこんな言葉を投げつけると、自分でも仮病かどうかも分からなくなっていた腹痛を訴えました。母はやれやれと複雑な顔をしながら「ごめんね」と私の頭をなでました。

私の母は東海地方の田舎で生まれ育ちました。高校を出て大学進学を希望すると父親から「女に大学は必要ない」といわれたそうです。それでも勉強をしたかった母は國學院大學文学部哲学科へ進学。卒業後は大手企業で働きだし、その後、父と結婚。三人の娘を出産すると、新聞広告会社へ勤めながら独自で行政書士の勉強をし、資格を取得。さらに行政書士として働く傍らカウンセラーの勉強もはじめ、現在は行政書士をしながらカウンセリングルームを建て、活動しています。

私の幼稚園入園を機に働きはじめた母でしたが、その当時、私は母が仕事へ行くことが本当に嫌で仕方がありませんでした。私から母を奪う仕事と、私よりも仕事を選ぶ母を憎んでさえいました。家に帰っても母がいない。いつもカギを持ち歩く「鍵っ子」である私。友達の家へ遊びに行くと友達のお母さんがお菓子を出してくれるのに、なんでうちはそうじゃないのか。

母を奪う仕事が憎い――しかし、あるときそのような憎しみの気持ちに変化が訪れました。それは、小学校高学年になり、「将来はあんな仕事がいいな」「こんな仕事もやってみたい」と思うようになった頃です。ふと、「あれ？　でも、私も母のように将来出産をして母親になるかもしれないよね？　母親になったら仕事やめなきゃいけないの？　なんで？　じゃあ、私の夢はどうなるの？　なんのために勉強するの？　女って、仕事か子どもか二択なの？　それって寂しくない？」と考えたのです。

恥ずかしながら、そのときはじめて「母は母ではあるけれど、その前に鳴海友子という一人の人間なんだ。母は娘である私に出来る限りのことをしてくれている。そのうえで自分の人生も歩もうとしている。母は自分のものじゃない」と気づいたのです。

五等分にしたケーキは一番小さいものを選ぶ母、ハンバーグは大きいほうをくれる母、そんな母の「愛」を当たり前のように受け取るうちに、私は「母親は子どもの所有物」だといつしか勘違いをするようになっていたのです。もちろん、ある程度の年齢まではそういった考えでいても仕方のないことですし、親と子の信頼関係を考えると、子どものほうはそのぐらいに思っていてちょうど良いのかもしれません。さらには親が自分を優先してくれているという経験を積んでいかないと、自尊心の形成にも影響が出てきます。

しかし、「母もひとりの人間であって、母の人生は母が主役だ、決して子どものものではない」と、ある程度の時期に気が付かないと、親子ともに大変です。

なぜなら、子どもは子どもでこのような気づきがなければ、「母親とは子どものために自分の夢も楽しみもすべてを投げ出せるもの」という妄想を抱き続け、社会人になると「母親」と呼ばれる人たちに「自己犠牲」を当たり前のように強いる大人になってしまう可能性がでてきますし、親は親でいつまでたっても子離れができず、子どもに自身の夢や希望を託し、精神的依存をするようになってしまうからです。それは愛でなく呪縛といえるでしょう。

女の子なんだから

私自身は「母は自分のものではない」と気が付いてからは、母のことを自分の所有物ではなく人生の先輩のように思うようになりました。仕事も家庭も充実させる秘訣はあるのか、どんなことに悩むのか、どう解決してきたのか、夫とはどう話し合うのか。以前にも増して母は私にとってかけがえのない存在となりました。そして親元を離れ十四年が経つ今、その人生の先輩とは、互いに同志のような気持ちでそれぞれの道を歩んでいます。

そんな母に大人になってから聞いたことがあります。「お母さんは、女の子を三人育ててきたわけでしょ？　その子育てのうえで、何か気をつけてたこと、ある？」と。すると母は「うん、ひとつだけ」と答えました。その「ひとつ」とは、「女の子なんだから」という言葉を使わないようにしていた、ということでした。

言われてみれば、世間には「女の子なんだから靴を揃えなさい」とか、「男の子なんだから辛抱しなさい」という声があふれています。しかし、よく考えてみれば……いえ、考えるまでもなく、「靴を揃える」のも「辛抱強くある」のも、性別には関係のないことです。

母が言いました。「私自身がある程度の年齢までずっと〝女〟にとらわれてたの。当たり前のように言われてきた〝女なんだから〟にまんまと騙されてね。色んなものに縛られてきた。でも、固定観念は誰が悪いわけでもなくて……だからこそ難しい問題なんだけど、生まれた瞬間から、大人、マスコミ、社会……と、色々な人、モノから悪気なく刷り込まれるでしょ？　これが固定観念となって自分を縛ったり他人を縛ったりしてしまうから、あんたたちには自由に生きてほしいと思って、それで、『女の子なんだから』と言わないようにしてたのよ」。

そこでナルホドと思ったのは、母がそのような刷り込み教育をしなかったおかげで、私自身は「落語界」「仏教界」という「男社会」に怖気づくことなく飛び込めたのだということでした。自分が女性であることなど母のおかげであまり意識したことがなかったため、「女なのに男社会に入って大丈夫かな？」などと考えすらしなかったのです。結果、母の「女らしく」と言わなかった育て方は、私の将来の可能性を大きく広げてくれたのでした。もしも「女の子なんだから」と事あるごとに言われてきたのなら、私は今「落語界」にも「仏教界」にも身を置いていないでしょう。

固定観念は知らず知らずのうちに刷り込まれるものですが、その刷り込みは一人の人間の可能性を狭めてしまう危険性をはらんでいます。しかし、固定観念が可能性を狭めるという意識すらないものですから、その「危険」にも「被害」にも私たちは気が付きません。

だからこそ、固定観念はやっかいなのです。

固定観念

では、日常では固定観念はどういった場面で現れるのでしょうか？　例えば、先日電車の車内で子連れの母親同士のこんな会話が聞こえてきました。

「あなたのとこは女の子なんだから痴漢に気をつけなきゃ。うちは男の子だからそういう心配はないけど」

これにはドキッとさせられました。なぜなら、子どもの性犯罪の被害は四分の三が女児で、四分の一が男児といわれているからです。なので実際には「女の子」でも「男の子」でも痴漢に遇う可能性はあるのですが、「男の子だから」と、その属性だけで危機管理のアンテナをおろしてしまうことはとってもキケンなのです。

いかがでしょうか。いかに固定観念が面倒なものなのか、少しお分かりいただけたことと思います。

しかし、育成環境というのは、決して家庭だけではありません。母がいくら「女の子なんだから」と言わない教育を私にしてくれていても、小学校に上がれば、新たな出会いがあり、その中で「普通」や「らしさ」が私を追いかけてきました。

近年ではカラーバリエーション豊富なランドセルも、二十五年前は「女児は赤」、「男児は黒」と決まっていました。……失礼、「男児は黒」「女児は赤」と言わないと「順番がおかしい！」と、またヤカマシイ人の声が聞こえてきそうですネ！　そんな人は放っておいて……（笑）

思えば、あの赤いランドセルを背負わされたときから、日本社会が築いてきた「女性」という重たい荷物を持たされるようになった気がしてなりません。

小学校・中学校での出来事

学級委員

その日は学級委員長をはじめ、クラスでそれぞれの係を決める日でした。自主性を重んじてか、立候補制です。先生からの「○○係が良い人ー！」という掛け声で、希望者は手を挙げていきます。定員よりも多ければジャンケン。ワイワイと「給食係」「窓係」「図書係」「保健係」が決まっていきました。そして、クラスのリーダー的存在である「学級委員長」の募集がかかると、元気の良い「ハイッ！」という声が三つ、教室に弾みました。

すると、先生が言いました。「あれ？　女子しか手が挙がってないよ？　男子は誰かいない？」。……シーン。どうやら、男子の中には誰も希望者がいないようです。先生が続けました。「学級委員長は男子、副委員長は女子って決まってるから、誰か男子いない？……あ、A君、どお？」「嫌です」。「じゃあ、B君、やってみたら？」「僕は体育係がいいです」。

そこで私が「先生、なんで女子じゃだめなんですか?」と聞くと「なんで?って、そういうもんでしょ?」と、到底理解しがたい、答えにもなっていない答えを、先生は疑いもなく口にしました。「でも、やりたいのに〝女子だから〟できなくて、それで、やりたくもない男子がするのっておかしくないですか?」

――次の瞬間、先生は「でも、そう決まってるの。こういうのは男子がして、女子はそれをサポートするほうがいいの」と不機嫌な声で言うと、「面倒くさい子」といわんばかりに私をその空間から退けて、嫌がるB君を強引に学級委員長と定めました。そして、手を挙げているヤル気に満ちた女子の中から副委員長を決めると、その女子の熱が冷めていくのを感じました。

ドキンちゃん

このやりとりに頭が痛くなった私は、その晩一睡もできず、翌朝、体温計が三七・八度を示していました。近所の小児科を受診すると、待合室でアンパンマンのアニメがエンドレスで流れていました。それをボーっと見ながら、ドキンちゃんという存在を前のめりで見ている自分に気が付きました。

なぜ、いつもドキンちゃんは『わたしも行く！』と誰かについていくのだろう。

なぜ、いつもその行動の原点が、バイキンマンか、恋するしょくぱんまんなのだろう。

やめてよ、ドキンちゃん。あなたがそうだから、世間の大人たちは、この社会は男が中心で、女はそれに付随するものみたいに思うんじゃないの？

いや、違うか。世間が女は男に付随するものだと思っているから、ドキンちゃんというキャラクターが〝標準の女の子〟として生まれるのか。

男性に従い、行動を委ね、恋に振り回されて、女性ってそんなもんなの？

私は嫌だ。そんなふうになりたくない。


それから、どんなアニメを見ても女性キャラクターの役付けが気になり、見たくなくなりました。主人公は男性で、登場する女性は必ずといっていいほどサブキャラクターです。「主人公の妹」か「恋愛対象」でしかない「女の子」。

自分が女の子であるというどんよりとした気持ちに、処方箋は出ませんでした。

キャンプ

高学年になると、学校でキャンプへ行くことになりました。初めての飯盒炊爨に、皆ドキドキ。ご飯はちゃんと炊けるのか、カレーはシャビシャビにならないか……。早速、作り始めると、女子はやる気満々。そして、男子はサボりはじめました。

「ちょっと！　男子！　ちゃんとやってよ！」――女子が言います。すると男子から「料理は女子やろ！」、「ちょっとは手伝うし」……こんな声が聞こえてきました。「〝手伝う〟とか、最初からやる気ないやん。あんたも食べるご飯でしょ？」と心の中でツッコむと、またどんよりとした気持ちになりました。

落ち込む私。喧嘩する男子と女子。ふと気が付くと、S君がひとりもくもくとジャガイモの皮をむき、人参を切っていることに気が付きました。

「……料理好きなの？」

「え？　ううん」

「でも、男子なのにちゃんとやってるよね⁉」

「当たり前じゃん」

驚きました。こんな男子もいたのか！と。そこでハッと気が付かされたのです。今まで、

「男はこういうものだ」と決めつけていた自分に。自分は「女」で決めつけられるのが嫌なのに、自分も「男」を決めつけていたことを。

それから、S君に興味を持ちました。確かS君は転校生のはずだったので、どこから引っ越して来たのか聞くと、親の仕事の都合で海外にいたというのです。

「海外では、女性も男性も関係なく働くし、料理もするし、子育てもするよ」と、ちょっと大人びた顔で話したS君。そのときはじめて、世界と日本の状況が違うのだということを知りました。そして、それならば諦めるのはまだ早い！と、希望が湧いてきたのです。「女」の概念を、自分が変えられるかもしれない。ううん、変えるきっかけの一人になることなら出来る！

小さなことにクヨクヨしなくなりました。

卓球部

中学校に入ると、学校指定のセーラー服を着るようになりました。「制服」に心を「セイフク」されないように……と、アホらしくも本音が八割のダジャレを心の中でつぶやきながら、日々成長する体とともに、前向きに、生き方を模索していました。その頃にはS

君のおかげで男子に対する先入観もなくなっていたため、男子も女子も気の合う仲間ができ、それなりに充実していました。そんなある日のことです。

「来週は、いよいよ男子部の試合がある」――所属する卓球部の男性顧問がいいました。体操座りをしている男子部員たちの背筋が伸びます。すると顧問が続けました。「そんなわけで、女子部員は試合のお茶くみの手伝いに来るように」。ふむふむ。チームメイトを応援する、手伝う、いいことだと思いました。そこで先生に質問したのです。

「あ！　先生すみません！　それでは、来週の女子部の試合は、男子がお茶くみに来てくれるんですか？」。

すると次の瞬間、経験したことのない、すごい剣幕で怒鳴られました。

「鳴海！　お前には常識がないのかっ！」

顧問の顔は真っ赤になり、あたりには唾がまき散らされています。その光景に、まだ成長し続けるはずの小さな体たちは震え、石のように固まりました。しかし、私は聞き返しました。

「常識ってなんですか？　男子の試合に女子がお茶くみに行くのなら、女子の試合に男子がお茶くみに来ても良いのではないですか？」

するど、先ほどの二倍の唾が飛んできました。

「お茶は女がくむもんやろっ！」

「先生、それ、男女差別です」

「差別じゃないっ！　これは昔から決まっている！」

「誰が決めたんですか？」

「とにかく決まってる！　だいたいお前！　男が淹れたお茶なんか気持ち悪いと思わんのか！」

「思いません。むしろ、美味しいお茶を淹れることのできる男子に対しても差別だと思います」

「やかましい！　そんなに茶を淹れたくないならお前は来るなっ！　お前のようなやつは帰れ！」

帰りました。

おかしな思想を持つ私学ならともかく、公立中学校でこんなことがあっていいはずがない。もくもくと歩いて帰りました。「私は間違っていない」――けど、大粒の涙がこぼれ落ちていました。怖かったのです。差別がまかり通っていること。まかり通そうとする大人がいること。逆らえば力でねじ伏せられそうになるということが。

翌日学校へ行くと、担任から呼び出されました。顧問に謝れというのです。そうしないと試合に出してもらえないぞと。あきれました。「差別を飲み込む代償に、何かを得る」――私が一番なりたくない姿です。試合なんてどうでもいい。それより己の信念のほうが大切だ。差別に負けない、絶対に屈しない。そのとき抱いた闘志のようなものは、大人になった今でもたびたびくじけそうになる私を、何度も奮い立たせてくれます。

元教師の支配欲

この卓球部での一連の出来事を、著書『プロの尼さん　落語家・まるこの仏道修行』（新潮新書）に記したことがあります。

すると、これを読んだとお世話になった先生から連絡がありました。「現在、あの中学校ではそのような差別はない」とわざわざ教えてくれたのです。そして「そんなことが鳴海の時代でもあったことに驚いた」とまで、共感してくれたのです。過去の自分を肯定された私は嬉しくなりました。それから少しして、その先生と一緒に食事をする機会がありました。

ビールで乾杯をし、近況を報告し合います。落語家の修業で学んだこと、比叡山には素晴らしい教えがあること、結婚した相手は料理が得意なこと、出産してみて分かったこと……楽しい時間が流れていました。

しかし、飲みはじめて一時間ほど経ち『プロの尼さん』の話しになると、先生の目つきが変わりました。「あの本読んでびっくりした。男女差別はイカンよな～。うん、イカン。……でもな、いくら男女平等だと叫んだところで、結局は男のほうがエライんだよ！　なにが男女平等だ、アホらしい」。笑っていました。私は不快な顔をするのが精いっぱいでした。

この教師とは、その後もう一度会う機会がありました。……いえ、会いたくもなかったのに、ある日、母校近くで行われた講演会へ講師として出向すると、突然この教師が楽屋を訪ねてきて、出番前の私にしつこく話しかけてきたのです。

「鳴海、あれから飲みに行こうってメールしても全然ＯＫしてくれへんやんか」

「こっちまで出てきても次のスケジュールがあったりで、とんぼ返りなんです。すみません」

「ところで旦那は元気か？」

「おかげさまで」

「子どもは大きくなったか？」

「おかげさまで」

「そうや、二人目は？」

「すみません、うちは二人目は無理なんです。私がもう産めないので」

「そんなこと言わずに頑張れよ〜」

「いえ、頑張るとかではなく、肉体的に無理なんです」

「そんなこと言わんと。諦めずに頑張れば出来るって。あのな、二人は産まないと。一人っ子は可哀そうやぞ」


ニヤニヤと笑っています。確信犯です。分かって言っているのです。「おれはお前の元教師だ。嫌な顔ができないだろ？　さあ、どうする？」と言わんばかりに悪意に満ちた笑みを浮かべていました。

産めない女性が不快になる姿を見て気持ち良くなっている、気持ち悪い人。

この人をかつて先生と呼んでいた自分が嫌になりました。そして、この人は定年退職をして教師という職を退いても、いつまでも教師は生徒をコントロールできる立場にあると勘違いしているのだなと感じました。でも、私はその支配欲の被害者にはならない。

「もう、着替えの時間なので」とその教師を楽屋から追い出し、窓を開けて空気を入れ替えました。大きく深呼吸をして鞄からスマホを取り出すと、念じるように着信拒否のボタンを押しました。

十八歳の洗礼

女は落語家になるな

「おはようございます！　露の団四郎の弟子になりました、団姫と申します！　よろしくお願いいいたします！」

二〇〇五年三月、爽やかな春の香りが漂うなか、楽屋で必死に挨拶をしてまわる新弟子を色々な人が歓迎をしてくれました。「頑張ってや」「自分、十八歳か！　久々の若い弟子やな」。師匠に教わった通り、ハキハキ元気に「有り難うございます！」と返事をしていきます。

すると、じっとりとした視線を感じました。歓迎するような素振りを見せながらも、この新弟子の入門を快く思わない人間が、確かにそこには存在したのです。

打ち上げが終わり帰りの電車に乗ると、その「不快さ」が「酒に酔っているから」と言い訳にもならない言い訳をしながら、悪びれもせず顔を出しました。

「お前な、女で落語家なんかなってどないすんねん。女の落語なんか誰が聞きたいねん。お前みたいな女、やめてまえ」。初対面の大人から、どす黒いものを投げつけられました。「おれは女は認めへん。女に落語なんか無理や。そもそも女のくせに落語家になろうというお前みたいなやつは気にくわん」。酒臭さとは比べものにならないような、気持ち悪いなにかが私を襲いました。

私が入門した当時、女性の落語家はたったの五名ほどでした。それに対して男性は約二百名です。あれから十四年という歳月が経ち、その割合は少しばかり増えましたが、それでも男性約二百五十名に対し女性は二十名弱。

講演会などでは「消費税の増税にともない女性落語家の割合も増えています」などと洒落を交えてお話ししていますが、正直な話し、どこの世界でも「少数派」は暮らしにくいものです。いいえ、実際のところ少数派の当事者が暮らしやすいと感じていても、マイノリティーが暮らしやすい顔をすることを許せない、厄介な「先住民」がいます。

少し考えれば、「男社会」である落語界に女である私が飛び込めば、こんな人もいるであろうということは容易に想像がつきました。しかし、良くも悪くも世間知らずだった私は、生き方や仕事を選ぶうえで「女」を意識していなかったので、いきなり「女」というだけで拒絶されるどころか攻撃までされるとは夢にも思っていなかったのです。
しかし、そんな状況の中でも私は己の信じる師匠、そして大師匠の教えに救われました。

大師匠の教え

二代目露の五郎兵衛一門は、現在、女性が八名、男性が六名です。女性の割合のほうが多いのは東西落語界を見渡してみても我々の一門だけですが、これには、二〇〇九年に他界された大師匠、二代目・露の五郎兵衛師匠の考え方が大きく影響しています。

五郎兵衛師匠は、昭和七年生まれ。二代目・桂春団治師匠に入門後、桂春坊、桂小春団治を経て露の五郎となり、「生涯未完成」を体現するかのように、七十三歳で上方落語の大名跡、二代目・露の五郎兵衛を襲名しました。私はこの大師匠のお話しを伺うたびに、常々感じていたことがあります。それが、非常に人権意識の高い方だということでした。

家族はもちろん、弟子を想い、他人を想い、どんな人とも丁寧に接する大師匠。

だからこそ、「爆笑」の噺はさることながら、噺家の人間性がストレートに出るといわれる「人情噺」や、その延長線上にある「怪談噺」で当代一流と呼ばれたのだと思います。

そんな大師匠は、業界初となる女性落語家を育て上げた師匠としても知られています。

曰く、「歌舞伎は男性が女性を演じる、反対に、宝塚歌劇は女性が男性を演じる。どちらも見ていておかしいことはない。世の中に歌舞伎と宝塚が成り立っているのであれば、女性も落語ができるはず」とのことでした。

こうして、一門には女性の弟子が増えていき、私の師匠も大師匠からのこの教えを引き継いで、弟子入り志願にしつこく通っていた私を弟子として受け入れてくださったのです。

現在、様々な一門から出演者が集まる寄席の楽屋では女性落語家が仕切られたカーテンの中で着替えをしたりもしますが、私たち露の一門の一門会では、男性落語家がコソコソと隠れて着替えをする、そんな〝逆転現象〟を見ることができます。

なにが差別、偏見なのか

昨年十二月、「人権週間」と呼ばれる期間に、ＳＮＳで以下のような投稿をしてみました。ちょうど、「某・漫才コンテスト」の直後に「某・若手男性漫才師」が「某・大御所女性漫才師」へ暴言を吐いた直後のことです。

これだから女は

これだから男は
これだから田舎者は
これだから都会の人は
これだから若者は
これだから年寄りは
これだからA型は
これだからB型は……

と、自分が受け入れがたいこと、また理解できない理由を「相手の属性」にすり替え攻撃するのをやめましょう。それは差別、偏見です。

このように発信したところ、非常に大きな反響をいただきました。

私たちは、母親の体内において「女性に生まれたい」とか、「男性に生まれたい」と、その性を選択して生まれてきたものは一人もいません。他にも、生まれる場所や、その時代、血液型など、選べないものがたくさんあります。だからこそ、その選べない、変えられない「属性」で他者を攻撃することは卑怯ですし、これこそが差別だと思うのです。

もともと「差別」は仏教用語で、「しゃべつ」と読みました。しかし、それは理不尽な差別を指すのではなく、「区別」のことだといいます。

「区別」とは、「あるものと他のものとが違っていると判断して分けること。また、その違い」を言います。そして、「差別」は「区別」とよく似ていますが、区別と違うポイントは、この区別をもとに、「他よりも不当に低く取り扱うこと」です。

例えば、「男女は肉体的に違う」という事実は、誰もが理解し、認識している「区別」です。しかし、某・医科大学のように「女性は医師になっても出産して仕事を辞める可能性が高い」といった理由をつけて試験で女性のみ一律減点することは、性差という「区別」に加え、「他（男子）よりも不当に低く取り扱われている」ので「差別」だといえます。

そしてこのような「男女差別」の話題になると、「ほな、男女差別がアカンというのなら、更衣室も、銭湯も、男女一緒でええんと違うか?」とイヤミを言ってくる人がありますが、これは差別と区別をごちゃまぜにして相手を強引に丸め込もうとするチャンポン理論（命名は私です！）です。

世の中には、差別をすると自分の都合が良くなる人が少なからずいます。しかし、「区別」を「差別」にすり替え正当化する行為は決して許されるものではありません。

どんな人にも、差別したり、差別されたりする危険があります。差別と無関係な人などこの世の中には誰一人としていません。だからこそ、男女問わず「差別」と「区別」について思考を放棄せず、問い続けて欲しいのです。

話しを戻しましょう。私は自分で選択して女性に生まれたわけではありません。だからこそ、女性という理由だけで私を落語界から排除しようとする圧力には決して屈しない、と決意しました。

そもそも、差別はされる側にとっては忘れがたい大事件ですが、差別をする側にとっては自分が差別をしているという意識すらないものですから、大変腹立たしいことに「そんなこと言ったっけ？」と、覚えてすらいないレベルです。まるで息を吐くように日常的に差別を繰り返し、人を傷つけている人は、相手がどれだけの痛手を負うのかなど考えていません。

それも踏まえて、こういった人間と個人的に「戦う」のではなく、もっと視野を広げて、社会に対して問題を提起し、意識改革を出来るような落語家にならねばと思いました。

そうそう、言い忘れていましたが、このような差別的な人はほんの一部でした。基本的には良い人ばかりでしたし、わざわざ「男も女も関係ない、売れたら勝ちや、上手かったら勝ちや、お客さんが喜んでくれたら名人や！」と応援してくれる人もいました。

ただ、ひとつ困ったのは、悪意はないのでしょうが、損得勘定でものを言ってくる人でした。

「女は珍しいから仕事がよーけあるで。女は儲かるで！」と。

よく、女性が男社会に入ると「女性らしさを活かして」という言葉を聞きますが、私はこの言葉が心底嫌いでした。いわゆる「女らしさ」を仕事に活かすつもりもありませんでしたし、女性だからとすぐ「女性らしさを活かす仕事をするであろう」、また「そうしたいであろう」と思われ、決めつけられるのが嫌だったのです。

これは入門当時からずーっと周囲に言い続けてきたことですが、僧侶となってツルツル頭で仏教落語をするようになった今、やっと、私がやりたいこと、また「女性らしさ」など私の人生と、そして私の落語と関係ないことを、少しずつ周囲の人間に理解してもらえるようになった気がします。

オリジナルデータの結果……？

さて、差別をする人、しない人、様々なタイプの大人に揉まれながら、一度、「どういう人がどういうことを言ってくるのか」を個人的にデータとしてまとめてみたことがありました。するとひと月後、非常に面白いことが分かりました。

まずは、「女も男も関係ない」と応援してくれる人。こういう人は基本的に「上手い」「人気」の人が多く、精神的にも余裕を感じる人が多いことが分かりました。

次に、「損得勘定」の人は、性別の議論以前に、お金に細かい人が多いことが分かりました。自身がお金に細かいので、他人の稼ぎも気になるのでしょう。

最後に、「女で落語家なんかなってどないすんねん」という人たちの中には、私が憧れるような生き方は見いだせませんでした。

でも、これってある意味理屈にかなっているのです。

私たち人間は、どんな人にも必ず寿命があります。長い短いは別として、その限られた人生の時間を、己の精進のために使うのか、それとも、他者を差別し蹴落とすために使うのか、それだけで、生き方や仕事の成果、その輝きが変わるのは当然のような気がしました。

差別や偏見は人を傷つけます。だからこそ差別は絶対にしてはいけないのですが、自分自身の生き方や幸せを考えるうえでも、まずは差別しない人間になることが大切だと、このような人たちから〝反面教師〟として学ばせていただいたのでした。

落語界は男社会ではない

さて、そんな「男社会」の落語界ですが、実はこれだけ「男社会」という言葉を使いながらも、実は男社会ではありません。というのも、落語界は大変保守的ではありますが、それは「師弟関係」や「入門順」に対する保守性であって、性別による差別がその歴史に介入することはありませんでした。

理由は明白です。落語界の歴史は三百年以上。それに対して女性の落語家の歴史はまだ半世紀です。そういう環境だからこそ、女性を差別する「風習」が生まれず、あくまでも差別は個人的なものだったのです（それでも許されることではありませんけどネ！）。よって、落語界のシステム上で私が「男尊女卑」を感じたことはありませんでした。

例えば、入門して私がはじめに感動したのは、年上で男性の後輩が私にお茶を淹れてくれたことでした。お茶くみといえば、あの卓球部でのできごとが忘れられない私でしたが、

「男性」で、しかも「年上」の人が自分にお茶を淹れてくれたことが嬉しかったのです。「ありがとう」と言うと、この後輩は「え⁉ 姉さん、そんなん当たり前ですやん！」と笑顔で答えてくれました。美味しいお茶でした。

また、着替えについても同様です。落語界では男女、一門、関係なく、一日でも早く入門した人間が先輩です。先輩が脱いだ着物を畳むのは後輩の仕事。女性の先輩の着物もサッと畳む後輩の姿は、とてもすがすがしいものです。打ち上げなどで「女性だから」とお酌を強要されることもありません。

さらに最近、落語界が社会に誇れるものがあることに気が付きました。

これは夫が寄席の出番のときに経験したことですが、「男性ばかりの楽屋で、子育てトークができる」というのです。確かに、落語家は子育てや料理の話しが大好きです。平日の昼間に家にいることが多いので、結婚後、家事・育児を当たり前にやってきた人はもちろん、結婚していない、結婚しているが子どもはいないという人でも、修業中に師匠のお子さんの面倒を見たり、楽屋で先輩の子の相手をしたりという経験があります。このように、ほとんどの落語家は人生の中で必ずといっていいほど育児を経験しているので、当事者意識があり、その大変さを理解しています。

出番が終わった夫に「息子、幼稚園に迎えに行く時間、大丈夫か？　後片付けはわしらがしとくから、はよ迎えに行ったりや」と言ってくれる師匠、「子どものインフルエンザの予防接種、二回目忘れたらアカンで。あれ、手帳に書いとかんと忘れんねん（笑）」と、忘れっぽい夫にわざわざ言ってくださる師匠、おむつは履くタイプが良いか、夜泣き対策にはこれが効く、そんな話題を自然に楽屋で話しあえる落語界は、とても素敵な場所だと思います。

この楽屋のあたたかさから、「経験」は大きな宝だと感じ、これから女性が活躍できる社会になるためにも、仕事一本で生きている男性にはなにかの機会に、できれば若い頃に、育児というものに接して欲しいと思うようになりました。

そういえば、私自身も出産してからは「二児の父」である師匠から、育児のことを色々と教えていただいています。最近では、落語のことより育児の話題のほうが多いぐらいです（笑）。

近年の落語家は「女房も泣かす」どころか、夫婦円満の家庭が非常に多いです。夫が家事や育児を当たり前のものとしてやっていることも、その秘訣の一つなのかもしれません。

二番煎じになるな

私は誰になりたいのか？

古典落語の演目に『二番煎じ』という噺があります。火の用心の当番である夜回りの男たちが煎じ薬のふりをして酒を飲む噺ですが、もともと『二番煎じ』とは、漢方薬やお茶で一度煎じたものをもう一度煎じることをいいました。これが転じて、「前のくり返しで新味のないもの」という意味のことわざとなったのです。

さて、そんな『二番煎じ』はわりとポピュラーな日本語ではありますが、これはひとつの物事はもちろん、人間の生き方そのものにもあてはまるものだと思います。

私が入門した当時、大変多くの人から聞かれたこと、それは「誰になりたいの？」でした。はじめ、意味が分かりませんでした。聞けば「今、活躍している女性の落語家の先輩が何人もいるでしょ？　どの師匠みたいになりたいのかってこと」と言われました。考えたこともなかったので、答えに困りました。

女性落語家の先輩には、大爆笑の古典落語をバリバリやられ、弟子をどんどん育てられている師匠、女性を主役にした新作落語で新境地を開拓された師匠など、たくさんの尊敬する師匠がいらっしゃいます。もちろん、この師匠がたは私にとっては雲の上の人で、憧れでもありますが、だからといって私自身が「この師匠になりたい！」と具体的に思ったことはありませんでした。

理由は簡単です。同じ人間ではないので、なりたくても「なれない」からです。このように答えると、その先輩がたを尊敬していないと感じる人もいるようでしたが、そうではありません。むしろ、尊敬しているからこそ、なれもしない「なりたい」を軽々しく口にすることが師匠がたに対して失礼だと考えてきました。

しかし、この質問を投げつけられると、まだ「露の団姫」になったばかりの私は自分というものがハッキリとしていなかったため、「誰かにならなくてはいけない」という思いにとらわれました。

「あの師匠のあの話し方は天才だ、努力でなれるものではない」「あの師匠はあの美しい容姿と経験を噺に活かしていらっしゃるから、ああいうネタは私のような田舎もんの顔ではできない」。どうしたら良いのだろうと悩んでしまいました。「誰にもなれない。それって私、ダメってこと……？」――カテゴライズの罠にはまりそうになっていたのです。

肯定

そんな悩みを当初は抱えていましたが、この考えを転換させてくれたのは、私の場合は仏教の教えでした。落語家の修業中、毎日、弟子部屋で寝る前にお経をひらいたり、小声で南無妙法蓮華経や南無阿弥陀仏をお唱えしていたのですが、ふと、仏様は「わたし」を肯定してくださる存在であることを思い出すと、仏様が私を肯定してくださるのであれば、私も私を肯定してやらないといけない、と思いました。

そこで、「あ、そうか。誰かにならなくていいんだ。仏様は〝あなたはあなたのままで良い、あなたの持ち味でいけば良い〟と言ってくださる。私がやりたいのは古典落語と仏教落語だから、この顔で、この声で、自分のやりたい落語、すべき落語をしたら良いんだ。私自身がまた一人の新しいタイプの落語家になれば良いだけの話しだ」と思えました。

あれから十四年が経った今、後輩も増え、楽屋で少し発言できる立場になりました。

そこで最近では、入門してくる女性に「どのタイプの女性落語家になりたいの？」と聞いている若手の男性落語家がいれば、「どのタイプどころか、この人がまた新しいタイプになるかもわからんよ？　それに、女やからって目標は女の人だけじゃない。この人は、人間国宝だった米朝師匠みたいになりたいかも分からんやん。決めつけたらアカンで。私たちを脅かすほどの、超大物になるかもわからんで？（笑）」と、堅苦しくない言い方で、柔軟に考えてもらえるよう話しています。

尊敬する先輩の行動や芸を、単にリスペクトするだけでは、『二番煎じ』になってしまいます。でも、せっかくの自分の人生ですから、『二番煎じ』では面白くありません。

素敵な先輩とご縁をいただけたのなら、マネばかりして味気無い二番煎じになるのではなく、「味の深め方」を教えていただくことが大切です。それが、他にない、自分だけの味を出せる秘訣だと思います。

他にない味には、必ずファンがついていきます。

寂聴さんになりたいのか

そんなわけで、自分が新しいタイプになれば良いのだと思ってからは、ある意味、気が楽になりました。そして、落語家という狭い世界だけでも「誰かになる」ことを前提にされるわけですから、お坊さんになると、今度は「寂聴さんになりたいのか」と言われるようになりました。
しかし、一度経験した悩み・苦しみは、その後、同じ壁が現われても動じない強さを与えてくれます。なので、「寂聴さんになりたいのか」と聞かれたら、「いやいや、寂聴さんになるなんてとんでもない！　第一、経験値（！）が足りませんやん！」とシャレも交えて返すようにしています。同じ人間などひとりもいない、だからこそ、人間は面白い生き物なのです。

また最近、特に私に「自分は自分で良い」と感じさせてくれるのは、親友の桂ぽんぽ娘《こ》さんの存在です。彼女は私より一年半ほど後輩ですが、魂の友だと思っています。ぽんぽ娘さんは昔からお色気噺が大好きで、現在は自作の「ピンク落語」を開発し、男女問わず……むしろ女性から絶大な支持を得ています。天性の明るさと「お色気噺は誰も傷つけない」というぽんぽ娘さんのピンク落語は本当にお見事の一言で、仲間内でもファンがいるほどです。

「仏教落語」と「ピンク落語」では芸風が百八十度違いますが、私たちは、自分の目標に向かって生きる同志です。芸風が違うからこそ学び合えること、また、女性の落語家という同じ環境だからこそ救われることがたくさんあります。桂ぽんぽ娘さんという落語家は、いつも私に励ましと肯定を与えてくれます。

そしてここだけの話し、芸事以外の子育てという面でも、ぽんぽ娘さんは強い味方です。私たちはお互いに毎日仕事で飛び回っているため、どちらの家庭も家事・育児の割合の多くを夫が占めています。そうなると、子どもは夫のほうへとなつくのですが、この悩みを共有できるのもぽんぽ娘さんだけです。

なぜなら、他の人にいくらこの悩みを言っても、「またまた～！　いうても、子どもはお母さんやって！」と言われてしまうのですが、本当に我が家もぽんぽ娘さんの家庭も、子どもたちは完全に母親ではなく父親になついています。

良くも悪くも「母性神話は嘘だ」と自身の家庭で〝証明〟してしまっている私たちの苦悩は、なかなか深いのです（笑）

わたしになる。ぼくになる。

そうそう、子育てといえば――これについては後ほど詳しく述べますが、ここで皆さんに聞いていただきたい話しがあります。現在、私の息子は幼稚園の年中ですが、息子が幼稚園へ上がる前、いくつかの幼稚園がその候補にあがりました。しっかり勉強をさせてくれるところ、イベントの多いところ、通園バスが機関車の形のところ……色々と選べるからこそどこにしたら良いのか悩んでいたとき、今どき珍しく泥んこ遊びができるという市内のとある幼稚園の教育理念が『わたしになる。ぼくになる。』だと知りました。

説明会へいくと、理事長が『わたしになる。ぼくになる。』ための園の工夫や取り組み、その想い、思惑を次々に話していきます。その話しを聞くうちに、この理事長は「先生ではない」と感じました。では、先生ではなくなんなのかというと、ひとりひとりの園児の個性を伸ばす「プロデューサー」だったのです。正直、これはオモシロそうだとワクワクしました。そして、実際にこの園の子はみんなそれぞれに輝いています。説明会が終わるのを待たずに、夫とアイコンタクトでここに決めました。

そんな幼稚園へ息子が実際に入園し、一年半が経ちました。やはり、ここにして良かったと日々痛感しています。今も昔も、この国の教育は個性あふれる子どもたちを「地ならし」するものでした。しかし、この幼稚園は、無限大の可能性を秘める子どもたちを地ならしするどころか「耕して」くれます。子どもたちのベクトルを確実に「わたしになる」「ぼくになる」に向けてくれるこの幼稚園には、親として、またお坊さんとしても学ぶことがあります。

「わたしになる。ぼくになる。」――小さな頃から自分に自信を持つことは、将来の可能性をどんどんと広げてくれます。また、自己肯定感を育むのはもちろん、どんな環境でも自己肯定感を持ち続ける、そのたくましさを自然と養ってくれるこの幼稚園に、親として期待を膨らませています。

男になれば男に勝てる？

男物の着物

私は日頃、寄席の高座に上がる際、男物の着物を着ています。もうこのスタイルで十四年になりますが、もともとのきっかけは修業に入った直後、師匠の一言でした。

「修業中の前座は、どの楽屋でもすぐに着替えなアカン。女物の着物は着替えに時間がかかるから、修業中は男物の着物を着るように。修業が明けたら、自由に好きな着物を着たらエエから」

はじめは着物の畳み方はもちろん、男物と女物の違いすらよく分かっていなかった私でしたが、師匠にいただいた前座用の男物を着てみるとナルホド。女物のように「おはしょり」をする必要がないのと、帯の幅が狭いので結ぶのも女物より格段に速いことが分かりました。

そこで早速男物の着物を着はじめると、今度は髪の毛をセットする時間が煩わしく思えてきました。これも時短できたほうが前座としては良いかな?と、それまでは肩まであった髪の毛を思い切ってショートカットにしてみました。すると、私のことを「男装」と呼ぶ人が出てきたのです。

しかし男装といわれても、私自身は男装したいわけでもないし、男装のつもりもないし、性自認は女性だし、師匠からの教えで前座として効率が良いから男物なだけなのに……と、なんとも複雑な気持ちになりました。それでも、前座期間中は先輩へはもちろん、お客様に対しても発言権はありません。誰からなにを言われても、「はい」「有り難うございます」「申し訳ございません」の三つの言葉を繰り返し、頭を下げていました。

いよいよ三年間の修業が終わると、師匠から「これからは女物の着物を着てもええから」と言われました。しかし私は今まで通り、男物の着物で落語をすることを希望しました。

男になれば男と対等?

「なんで団姫は男になろうとすんねん! 男になろうとしてる時点で、お前は男に負けてるねん!」――ある日、打ち上げの席でお客様からそう言われたのは修業が明けてすぐのことでした。へ？　なにが？……すると、お客様が続けました。「露の一門が修業中に男物着るのは知ってる。けど、なんで修業が明けてまで男物着るねん。それはお前が男になろうとしてるからや。男になろうとしてる時点で、お前は男に負けを認めてるねん」。これには腹が立ちました。というのも、そもそも私が男物を着続ける理由は「男になりたい」からではなかったからです。

修業が明けても私が男物を着続けることを自ら選択したのには、理由がありました。それは、シンプルだからです。私は新作派でもありませんし、どちらかというとネタのチョイスは地味なほうですから、シンプルな着物が合います。また、正座した際に女物だとどうして帯の幅が広く華やかになってしまうため、帯の幅の狭い男物のほうが、色んな登場人物を演じ分ける際に都合が良かったのです。ただ、こんな頭のカタそうなおじさんにそんなことを言っても無駄かとも思いましたが、それこそ私が中年男性に対して勝手に決めつけていた「諦め」であって、五分後、思い切って「違います」と言ってみて良かったと思いました。

そのとき、「違います」という私に「なにが違うんや」とお客様は静かにいいました。ちょっと怖かったのですが、登場人物を演じ分け、お客様に想像していただくのに私の落語の場合はシンプルな着物が向いている、そのシンプルな着物がたまたま男物であるというだけだと正直に説明すると、このお客様、なんと私の考えを理解してくださったようで、今度は決めつけてしまったことを謝ってくださったのです。

「……そうやったんか！　ああ、それは申し訳ない。いや、ええ意味で団姫の落語には女を感じへんから、無理やり男になったり、無理やり女になったりして欲しくなかったんや。今までうちの会社でもな、伸びそうな女性やのに、そういう人に限って男になろうとする。言えば言うほど男化して、最後はムキになって『私は女捨ててますから結婚もしません！』とか言うて、痛々しくてな。あんまり女を前面に出されても困るけど、自然体で仕事してくれたらええのにといつも残念に思ってきたんや」と言われました。

そこで、「私のほうこそ、誤解を招きすみません。そうおっしゃっていただけて嬉しいです。それに、私も男の人と戦うために男みたいになろうとすることは無意味なことだと思いますし、むしろ男になろうとすると、女性という性では男性と対等に仕事をできないと、自ら女性を否定していることにもなると思うんです。安心してください。私は男になりませんし、なろうとも思ってません」とお話しをしました。

すると、満面の笑みになったお客様。「そうそうそう、それや！」というと、元気な声で「おーい！　ハイボールちょうだい！」と厨房に向かってグラスを天高く掲げました。

「良いオンナ」になるためのアドバイス⁉

修業が明けてからは、「女なんだからピンクの着物を着ろ」「髪の毛を伸ばせ」「男の好む洋服を着ろ」と、色々なアドバイスをいただくようになりました。

しかし、これらは正確にはアドバイスという名を借りた「押し付け」で、私の成長を願っての言葉はひとつもありませんでした。どれもこれも私という一人の女性落語家を自分の想い通りにしたいだけです。それでもはじめは「アドバイスだから」……と、真に受けていましたが、実際に言われることをすべて鵜呑みにしていたら、男性の支配欲を適度に満たしてくれる、男性のお飾りのような女性になる予感しかしませんでした。

権力を持つ男性の中には、若い女性を見つけると、必死になって中身が空っぽの八方美人に仕立て上げようとする人がいます。世の中には「良いオンナ」という言葉もありますが、「良いオンナ」の正体は「男性にとって都合の良いオンナ」です。そうだというのに自ら喜んで「良いオンナ」になろうとする女性も少なくないので、これは本当に困ったものだと思います。

とにかく、私は舞台ではお笑いを喋りお客様のご機嫌を伺いますが、生き方という面で本来取る必要のない誰かのご機嫌を取るために生まれてきたわけではないので、信頼する人からのアドバイスだけを信じていこうと決めました。

だからこそ、「せっかくアドバイスしてやったのに」というたぐいの人から「可愛げがない」と陰口を叩かれもしますが、何の役にも立たない可愛げなどいりません。あ、こういうところが可愛げがないのですね（笑）

ピンクから許される

さて、そんな私が「ピンクの着物を着ろ」とあるときから言われないようになりました。それは、尼さんになってからです。逆になぜ尼さんになった瞬間「ピンクの押し付け」から許されたのかが謎で、過去、しつこく私にピンクの着物を勧めてきたお客様に「最近、なんでピンクピンク言わないんですか？」と思わず聞いてしまいました。

すると「えっ？　だって、尼さんになったから、髪の毛剃ったやん？　髪の毛捨てたってことは、女を捨てたってことでしょ？　女じゃなくなったわけやから、もうピンク色、着られへんやん」と言われました。

もう、その思考に呆れるばかりというか、驚くしかありませんでした。ポカンとしている私を見て、お客様もポカンとしています。そこで慌てて大きくあけっぱなしになってしまった自分の口に「なんでもいいから、返事！」と言い聞かせ、会話を続けるよう促しました。

「でも、尼さんの中にもピンク色が好きな方たくさんいますし、剃髪してても私生活でスカート履く方もいらっしゃいますよ？　そもそも、なんで髪の毛捨てる＝女捨てる、なんですか？」

「だって、髪は女の命やん♡」

……もう、ため息しか出ませんでした。

このように、「髪の毛」をはじめ、「胸」や「お尻」など、身体的なことでしか女性を見ることができない人は残念ながら沢山いますが、このような男性は悪気なく人を傷つけます。

髪がなければ女じゃないのか、女じゃなければ妻はいらないのか

以前、同じような凝り固まった思考の男性から、ご相談をいただいたことがありました。

聞けば、妻が病気の治療のため、髪の毛を一時的に失うといいます。たいがいこのようなご相談は「それで、妻がとても気にしているので、内緒で可愛いウイッグをプレゼントして、妻を少しでも笑顔にしたいんです。良いウイッグ屋さんをご存知なら、教えていただけませんか?」と続くことが多いのですが、この方は違いました。

「それで、妻の髪の毛が無くなると聞いただけで、もう妻に魅力を感じなくなってしまったんです。愛情も冷めました。離婚したいんですがどうしたら良いですか?」。

これにはもう、慰謝料だけ山ほど払ってさっさとどこかへ行ってくださいと言いたくなりました。なんと身勝手で自分本位な考えなのでしょう。

女性を決めつけ、その作り上げた女性像を追い求め、身近な女性がそれに反するようなことがあれば女性ではないとみなし、傷つける。人生のパートナーを女性である前に人間として見ることができない、このような暴力的な人に「永遠の愛」など訪れるはずがありません。

こんな男性と結婚してしまった女性は大変お気の毒だと思いますし、だからこそこのような女性をお坊さんとして全力で応援したいと思いますが、このような思考で何十年も生きてきた男性も、ある意味お気の毒なのです。なぜ自分が手遅れなのか、気が付くことはないのですから。

尼さんになったらトイレは？

ちょっと厳しいことを申し上げましたが、このように身体的特徴にばかり「女」「男」を見出し、とらわれているのは、実は男性だけではありません。女性にもその傾向は多く見られます。

例えば、そのとらわれの方向性が自身に向かっている場合は、過度なダイエットや整形などに走ります。そしてこれが自身のみならず他者にも向いている場合……悪気なく人を傷つけてしまうこともありますが、中にはおかしなエピソードを生んでしまうこともあるのです。

以前、公演の移動のため高速道路を走行中、サービスエリアでお手洗いに入りました。すると、並んでいた高齢の女性から「え！　尼さんなのに女子トイレ入るんですか？」と驚かれたのです。よくお手洗いで私を見て、一瞬、男性と間違えた！と驚く方はおられますが、おかしいのです。この上品な女性は私のことを、女性、尼さんと認識しながら、驚いています。そこでとりあえず、「ええ、はい」と答えると、この女性が言いました。

「だって、尼さんて髪の毛剃ってるから、もう女性じゃないわけでしょ？　だから、女性じゃないから男性用のお手洗いなのかと思って……」。からかっている様子はありません、大真面目にこう言われたのです。逆に、こちらも大真面目に「そうではないですよ」と説明するしかありませんでした。

髪の毛を剃る＝女を捨てる＝女じゃない＝女じゃないなら男＝男だから男子トイレを使う

外見も中身も「女」「男」に分類したくてしょうがない、分類できないと落ち着かない、なんだかそんな人があまりにも多すぎます。こういった人たちが、ＬＧＢＴＱの方々を知らず知らずのうちに生きづらくしているという側面もあります。

人類、男と女、たったの二パターンですか？　私はきっと、七十億通りの生き方があると思います。

仏様の性別は？

ところで皆さま、仏様の性別をご存知ですか？

例えば日本では、観音様を「女性」と思われる方が多いようですが、アジア圏では観音様を「男性」と感じる人も多いそうです。

では、気になる正解は……？

実は仏様には「性別が無い」といわれています。そう、仏様は性別を「超越」した存在なのです。悟りをひらいていらっしゃる仏様が性別を超越されているということは、裏を返せば「性別」への「こだわり」や「とらわれ」が悟りへの道を阻むものであるということが分かります。

もちろん、肉体的に性別を超越することは骨にならないとできませんが、私たちは精神面で性別の呪縛を解くことは可能です。

「悟り」というと恐れ多すぎてとっつきにくいかも知れませんが、簡単にいえば、「幸せになるためには、性別にとらわれないことが大切だ」ということです。

「それでも、観音さんは女性だと思うけどなあ」というアナタ、それはアナタの中にある女性像と仏様の柔和な姿を勝手にすり合わせているだけですから、どうか仏様を決めつけないでください。あまりにも仏様を「女性」と決め付けると、そのうち「ほっとけ」と言われてしまいますヨ（笑）

目標は専業主婦♡というキケン

目標は専業主婦

さて、仕事の話しばかりしてきましたが、実は最近、一時期に比べ減少傾向にあった「将来の夢は専業主婦」という人が、また増えてきているといいます。もちろん、専業主婦が悪いわけではありません。むしろ、専業主婦がいる家庭でしか味わえない幸福もあるとも思いますが、私は若い女性が将来の「目標」や「夢」を「専業主婦」とすることが大変危険だと考えています。

というのも、先日電車に乗っていると、女子大生が「専業主婦になって勝ち組になる方法」を必死に語り合っているのが聞こえてきました。

なんでも将来結婚後、今、自分が実家でぬくぬくと生活しているのと同程度の生活水準にするためには、一世帯あたりの収入が年間五百万円以上ないと「いい暮らし」が出来ないのだそうです。そこで、年収五百万円以上の男性をつかまえるために、今の良い大学へ入ったといいます。そして、年収の高い男性をつかまえるために良い会社への就職も希望するし、今から身なりに気をつかい、その美しくなるための資金のため勉強そっちのけでバイトをしているそうです。

でも、これっておかしな話しです。世帯としての収入目標が五百万円なのであれば、夫婦がお互いに二百五十万円ずつ稼げば合わせて五百万円になるはずです。でも、彼女たちはそんな考えには至らないようで、とにかく夫に養ってもらう前提でしか自分の将来を想像できないようでした。「結婚して専業主婦」が「目標」になってしまっているがために、自分が稼ぐビジョンを全く持てていないのです。

せっかく伸び盛りの十代の女性。「結果的」に専業主婦になるのは全く構いません。でも、若い頃からまるで自分の人生を未来の夫に丸投げするかのように専業主婦を「目標」にしてしまうと、彼女たちのように「勉強して職業能力を高めるチャンス」の時間を「男性に愛される○○」を磨くために使ってしまうことになります。なんともったいないことでしょうか。

しかし、彼女たちからすると、高収入の男性と結婚さえしてしまえば、結果、働く必要はないので「職業能力」より「オンナを磨いた」自分は「勝ち組」になります。でも、その「勝ち組」には実は大きな落とし穴があるのです。

「勝ち組」とは先に述べたような高収入の男性と結婚する女性のことをいいますが、生活をすべて夫へ丸投げしてしまうと、夫が会社をクビになったり、また夫の会社が倒産したときに大変です。なにも残らないどころか、むしろ借金だけが残る場合もあります。

そうなると、当然、丸投げ生活ができなくなり、妻も働きに出ざるを得ない状況になります。そして、ハローワークを訪れると……ここではじめて目標を専業主婦に定めていたばかりに築けなかった、いえ、築こうとしていなかった「キャリア不足」や「技能不足」が無慈悲に就職を阻みます。

「しまった！　こんなはずじゃなかった」と嘆いても、誰も助けてくれません。そうならないためにも、最低でも自分ひとり食べていけるだけの職業能力を身に着けておく必要があります。だからこそ、ちょっと古い言い方ですが、若い方は結婚を「永久就職」といわずに、仕事と私生活は分けて考え、それぞれに目標を持ち、いつでも自立できる準備をしておいて欲しいのです。

離婚するのにも……

また、手に職をつけておくことは、離婚するときも役立ちます。こういう言い方をすると縁起でもないという人もいますが、そもそも私は離婚を悪いことと思っていません。結婚して不幸になる人もいれば、離婚して幸せになる人もいるからです。

さて、そんな離婚をいざ「したい！」となったときに現れる壁が「お金」です。専業主婦だったので貯金がほとんどない、若くして結婚したので今さら出来る仕事もない、という理由で、離婚を断念する人が多くいます。しかし、こんなときに手に職があれば、いつでも自立することが出来ますので、離婚したくてもお金がないからできない、という状況だけは回避できます。

よく、看護師の女性は離婚率が高いといいますが、あれは別に仕事が忙しく夫とすれ違いが多いからとか、一人でもやっていけるようなしっかりした人が多いからというわけではありません。単に、離婚しても暮らしていける経済力が自分にあるから、離婚を実行に移せているだけのことだと思います。仕事をしている既婚女性と専業主婦の既婚女性では、離婚の「希望率」はさして変わらないはずです。

人生、なにが起こるか分からないからこそ、備えが必要です。男性に自分の将来を丸投げしたり、生活で依存しないためにも、自分というものをしっかりと持ち、いつでも自立できる準備をしておくことが大切です。この不況の時代、「将来の夢はお嫁さん」なんて夢見がちなままではいけません。ここは現実です。「絶対の安定などない」という現実に目を覚まして、男女ともに現実社会をしっかりと生きなければなりません。

より良く生きる権利は自分だけのものじゃない

自らの権利を放棄するものは他人の権利を侵害する

先日、『過労死落語を知っていますか』（著・桂福車、松井宏員　新日本出版社）を読んでいると、落語作家の小林康二氏がヨーロッパで出会った格言として、このような言葉が紹介されていました。

〝自らの権利を放棄する者は他人の権利を侵害する〟

これには思わず「お見事！」と声をあげてしまいました。

ここで紹介されている過労死問題の場合は、社内にサービス残業を当たり前に受け入れる人がいると、結果、他の社員も「サービス残業当たり前」の「無言の圧力」を受けるようになり、組織全体の感覚が麻痺して最悪の結果を生む、だからひとりひとりが声をあげなければいけないということでしたが、この格言は過労死以外にも、様々な問題に当てはまります。

例えば、会社でのトイレ掃除です。私の友人は大学卒業後に希望の会社に就職。お給料は良いし、週休二日、ボーナスもしっかりと出ます。会社でも仕事ぶりが評価され順風満帆。さぞかし機嫌よく働いていると思いきや、先日、会社のトイレ掃除のことでモヤっとしていると聞かされました。

というのもこの会社、現在、トイレ掃除は女子社員のみがしているというのです。これはもともとの就労規則にあるわけではなく、また以前は男子トイレは男性社員が、女子トイレは女性社員が掃除していたそうですが、数年前から、とある女子社員が『こういうのは女の人がやってあげたほうがいいの』と言い出し、勝手に男子トイレの掃除をはじめたということでした。ただ、それだけならどうぞご勝手にという話しなのですが、しばらくすると、それを他の女子社員にも強制するようになったといいます。

男性社員は男性社員で自分たちが掃除しなくてよいものですから、「これは女子社員からしたらちょっと問題かも？」と分かっていながらも知らんぷり。そこで友人も上層部に抗議しようと考えたそうですが、トイレ掃除ひとつで「面倒な女」と思われたり、ましてそれが昇進に影響してはたまらないと思い、「なんで私が女というだけで男子トイレを掃除させられるのだろう、絶対におかしい」と思いながらも、仕方なくやっているということでした。

そして最近、新しく入ってきた女子社員に「私たちもいやいやさせられてるの」といいながら、結果、後輩の女性に男子トイレの掃除を強要している自分が嫌だということでした。

自らが本来主張しても良いことをなかなか主張できない、その圧力に負けてしまうことが他者へ負の連鎖を引き継がせてしまう例だと感じました。腹立たしいですが、こんなことって、本当によくあるんですよね。でも、よくあることだからこそ、諦めてはいけないのです。

嫁姑の場合

また、こういったことは会社のみならず、いわゆる「嫁姑問題」にもみられます。

「私が嫁にきたときは毎朝五時起きで義両親の朝食を作らされた、だからあんたも五時起きで私たちの食事を作りなさい」
「男の子を産まなきゃいけないと言われて、必死で子どもを産んだ。女の子を三人産んでもう体力的に限界だったのに産んだ。だからあなたも絶対に跡取りの男の子を産みなさい」
「私は○○宗の家に生まれ育ったけど結婚したから夫の宗教に合わせた。だからあなたもうちの宗教に入りなさい」

……毎度、こんな話題を耳にして思うのが「それ、誰が得してるんですか?」ということです。

自分が拒否できなかったものをまるで復讐のように次世代へ押し付けるこの現象。これも自らが自由に生きる権利を守れなかったがために、過去の自分と同じ状況にある他者の権利を侵害する行為です。しかもこの場合は確信犯なので悪質です。

もちろん、時代背景を考えても「NO」と言えなかった人がたくさんいるのは分かりますので、責めることなどできません。しかし、NOと言えなかったのならば、せめて、次世代へその負の遺産を背負わせないで欲しいのです。

私の知る女性で、権利をしっかりと主張できる人、また、過去はできなかったけれど今は主張できるようになった人は、強く、そして自身の経験から他者の権利を守っています。同じ過去を抱えていても、

「姑から五時起きで朝ごはんを作らされて嫌だった。だから、あなたはそんなことしなくて良いから、私たちのごはんは気にしないで」

「男の子を産めと言われてつらかった。だからあなたは無理しなくていい。子どもを授かるだけでもとても有り難いことだし、授かるかどうかすら神のみぞ知ることだから」

「無理やり宗教を変えさせられて嫌だった。だからあなたはもともと信じている宗教があるのなら、そのままでいいんだからね」

と息子の結婚相手を思いやり、究極、「私は同居させられていやだったから、あなたに同居してとは絶対に言いません。それよりも、息子はあなたが大好きみたいだから、息子をよろしくネ。もちろん、困ったことがあればいつでも言って」と言う人もいました。

こんな素敵な気遣いは、人権を考えるところから生まれています。自身を大切にできる人は、他人を大切にできる人です。

我慢は迷惑！

では、本来だれもが持つ「幸せに生きる権利」を、どのようにして当たり前のものとして広げていけば良いのでしょうか？

以前、落語家の後輩A君が、とあるイベント会社から落語の公演を依頼されました。しかし、あまりにも安すぎる出演料であったため、イベント会社へ「申し訳ございませんが、プロの落語家の相場はキャリア○年なら○万円ですので、この金額ではお伺いできません。もう少し出演料を増やしていただけないか、ご検討いただけませんでしょうか？」と返事をしました。

すると、このイベント会社の担当者が「でも、あなたの先輩である落語家Bさんもこの金額で来てくれましたけどね？」と答えたそうです。具体的に名前を出されたのではこちらも強く言えません。本来であれば、Bさんがきちんと自分の芸の値打ち、プロの落語家の相場を説明し、しかるべき出演料で公演に行ってくれていたらこんな問題は起きなかったのですが、人の良いBさんが「仕事はいただけるだけで有り難いのだから、ギャラがいくらでも我慢していくべき」という姿勢で仕事を引き受けてしまったため、後輩が割を食うことになったのでした。

もちろん、このことはBさん自身は知らない話ですが、芸能界にはこんな話しはゴロゴロと転がっています。出演料の交渉は非常に難しく、最悪の場合「それならもう他の人に頼みます」と、仕事自体が無くなる可能性もあるため、なかなか交渉しにくいのです。

しかし最近は、自分が安い値段で仕事をすると業界の値崩れが起きるという意識が少しづつ広まってきたのか、ギャラ交渉をきちんとしたり、「その値段で私が行くと、後輩の落語家が困りますねん」とハッキリ言う人が増えました。どんな状況でも自らの権利を放棄せず、主張することは大なり小なりリスクをともないますが、やはり言うべきことは言わなければなりません。

自分の立場はもちろん、他者と共有している職場環境を向上させるためには、一人ひとりが自分の権利について考える必要があります。「自分さえ我慢すれば」は、実は他者への「迷惑」にもつながっているということをお分かりいただけたかと思います。

ちなみに「我慢」とはもともと仏教用語ですが、「自分本位の思い上がり」の「慢心」という意味があり、決して良い言葉ではありません。現代では「我慢」を美徳に置き換え、自分ひとりで「我慢しているワタシ」に酔いしれている人もいますが、結局のところ「我慢」は問題の本質に目を向けず、体よく現実逃避をしているということなのです。だからこそ「我慢」は、なんの問題解決にもならないのです。

「女子力」より「好き力」

近年、良い意味で女性はあまり「我慢」をしなくなりました。しかし、新たな敵は「女子力」という言葉です。この「女子力」なるものに、多くの女性が翻弄されています。「女子力」はフタをあければいわゆる「生活力」で、本来、男女問わず持っていてよいものですし、男女問わず身につけなければいけないものです。しかし、これを「女子力」というポップな言葉にされてしまうと、「若い女性はこうあるべき」というヤンワリとした圧力であるにも関わらず、ついついその「女子力」に乗っからなければという気にさせられてしまいます。だからこそ、私は「女子力」は危険なワードだと考えています。

そこで最近、女子高などで講演をする際、私が若い女性に伝えているのは「女子力」より「好き力」です。「女子力」などという言葉にとらわれて男性が求める「女性らしさ」の技能を磨くよりも、あなたの好きなものをどんどん磨く「好き力」のほうが、よっぽど将来役に立つということです。「女子」と「好」の漢字をかけて思いついた言葉ですが、「好き力」を磨く学生さんが増えるほうが、女性活躍社会になることは間違いありません。

第一章では、自身の経験をもとに、女性の生きづらさ、おかれた状況、働き方、その中でどう権利を守り、強く生きるかを考えてきました。女性はもちろん、男性も子どももお年寄りも、すべての人が自分の人生、自分が主役です。幸せになる権利があります。

毎日毎日、嫌なことが私たちを取り巻いています。しかし、そんな状況を変えるには、まずは自分自身がどんなに小さくても良いので声をあげ、行動するほかありません。

勇気を持ってください！　そして、せっかく持った勇気は外へ向け発信してください！

どんな人にも必ず、世の中を変える素晴らしい力が備わっています☆

教えて！ 津久井先生 ～弁護士・津久井進先生による法律マメ知識～

①男女雇用機会均等法って、なあに？

「ここでは、女性の働く環境に大きく関わる男女雇用機会均等法について見てみましょう」

「そもそも、男女雇用機会均等法って、どんな法律なんですか？」

「昭和六十年にはじめて制定されたのですが、中身は募集や採用、昇進の場面で女性を男性と均等に扱う〝努力義務〟を定めたり、退職や解雇について女性に対する差別的扱いを禁止するものでした」

「それまでは、性別と労働に関する法律はなかったのですか？」

「いえ、それ以前は〝女性保護〟という規則があり、女性の残業は原則一日二時間、週六時間までと決まっていたり、ボイラーやクレーン等の危険有害業務の禁止などが定められていました」

「うーん……これって女性は保護すべき存在という考えが基本となっているので、私のようなタイプからするとモヤっとしますね」

「そうなんです。そこで、これはちょっと時代遅れだし変えようということになって、昭和六十年に男女雇用機会均等法が制定されました」

「女性の労働環境は変わったのでしょうか？」

「それがなかなか難しいもので、法律が変わっても人間はすぐには変わってくれません。そこで、最初は〝努力義務〟とされていた性差別を、平成九年の改正で、〝禁止〟と、より厳しいものにしました。このとき、セクハラ防止への配慮も新設されました」

「それまではセクハラに関する法律はなかったのですか？」

「はい。セクハラは深刻な人権侵害であるにも関わらず、それまでは軽く扱われてきました。しかし、平成元年に史上初のセクハラ訴訟が起きました。法律はこの女性のおかげで変わっていったのです」

「やはり声は上げなければいけませんね！」

「その通りです。その後、平成十八年の改正では男女双方に対する差別の禁止、妊娠出産等を理由とした不利益取扱いの禁止などの法整備がされ、これが現行法となっています」

「ちなみにその裁判、判決はどうなったんですか？」

「全面勝訴でした！」

「素晴らしい！　勝訴なだけに、その〝勝ち〟が、男女雇用機会均等法にさらなる〝価値〟を与えてくれたのですネ！」

「あはは。おあとがよろしいようで（笑）」

第2章　結婚——夫婦別姓という生き方

夫婦別姓と夫婦同姓

夫婦同姓は合憲？

二〇一五年一二月一六日、私たち夫婦は心底ガッカリしました。

近年、夫婦の「姓」の在り方に対する議論が活発になる中、最高裁判所が「夫婦同姓は合憲」――つまり、「夫婦別姓は法的に認めない」という判断をしたのです。

実は私たちは結婚前からそれぞれに「選択的夫婦別姓」を希望してきました。

私は小学生の頃から結婚したら大半の女性が夫の姓に合わせ、また宗教も夫と同じくする人が多いことが心底疑問でしたし、夫は夫で「もし自分の名字が変わったら、自分は自分でなくなるような気がする」と感じ、夫婦同姓に少しばかりの疑念を抱いてきたそうです。なぜ「少しばかり」なのかというと、夫はそもそも自分が結婚できる自信がなかったそうで、姓の問題はそれ以前の話しだと思っていたとか。これにはズッコケました。

たびたび世間で話題となる「夫婦別姓」ですが、もともと、「姓」とはどういう歴史や意味を持つものなのでしょうか？

「姓」の歴史と法律

「姓」とは「名字」や「苗字」、「氏」などと呼ばれるもので、「一族」や「血族の集団」、「家すじ」などを示す血縁集団の名称でした。もっとも、古くには姓、氏、苗字それぞれに意味が細かく異なっていたそうですが、今ではだいたい同じ意味の言葉として使われています。また、江戸時代は庶民に苗字はなかったともいわれていますが、最近の研究では、江戸時代にも庶民は苗字を使用していた可能性もあるといわれているそうです。ただ、江戸時代を生きてきた人は残念ながら現存しませんので、ここでは諸説あり、とさせてください。

では、史実ではどうなっているのでしょうか？　法務省の公式ＨＰを見てみましょう。

これによると、徳川時代、一般に、農民・町民には苗字＝氏の使用は許されませんでした。そして、明治三年（西暦・一八七〇年）、平民に氏の使用が許可され、明治八年に氏の使用が「義務化」されました。そして、翌九年に「夫婦別氏制」が出されたため、妻は結婚しても実家の氏を名乗ることとなりましたが、利便性の問題からか、一般的には妻が夫の氏を名乗ることが慣習化されていったようです。

そして、そこから二十二年間は「夫婦別氏」でしたが、明治三十一年に「夫婦同氏」が制定され、昭和二十二年には改正民法が成立し、夫婦は男女平等の観点から、合意のもとに「夫または妻の氏を称する」こととなりました。

というわけで、現在の法律では婚姻届けを提出時に男女どちらの姓を選んでも良いことになっていますが、実際には九割強のカップルがそれといった理由もなく男性側の姓を選んでいます。なかには「女性側の姓を選んでも良い」ということすら知らない人もいるため、その関心の低さは社会的な問題ともいえるでしょう。

ただ、この「夫婦同姓」制度に関心が低いのは当時者であるこの国だけで、世界からの関心はとても高いのです。……といっても、それは決して良い「関心」ではありません。実は日本は国連の女性差別撤廃委員会から何度も夫婦同姓廃止の勧告を受けているのです。このことは世界では広く知られていますが、なぜか国内ではあまり報道されないため、国連から注意を受けているという事態を知らない国民も多くいます。

また、「どちらを選んでも良い」にも関わらず、男性側の姓にするのが〝一般的〟だとか〝当たり前〟という意識が強く、この固定観念は多くの男女に疑問すら抱かせません。

そして、せっかく疑問を抱いても、それを自分の意見や意志として表明しづらい空気が世間を取り巻いています。女性側の姓に合わせることについては、「よっぽどの理由があるなら女性の姓に合わせるけど……」という声も多いため、これは逆に、「よっぽどの理由がなければ女性側の姓に合わせない」のが当たり前になっているということを示しています。こんな雰囲気の中では、女性側の姓を選択するなど、至難の業です。

大手企業のログインパスワード「秘密の質問」にあきれる

近年、そんな日本というお国柄を象徴していると感じるのが、通販などの大手企業のインターネットサイトログイン時に使われる「秘密の質問」です。

これは、通常のログインパスワードを忘れたときに備え、「あなたの好きな食べ物は?」とか、「あなたのニックネームは?」など、本人にしか分からない「質問」を設定することによって、パスワードを忘れたときにもログインできるようにする予備のパスワードです。

そんな「秘密の質問」の中に、あるとき、こんな項目を見つけました。

「あなたの母親の旧姓は？」

これには驚きました。だって、法律で「女性は男性の姓に合わせる」となっているのならともかく、どちらに合わせても良いとなっているはずなのに、「女性が男性に合わせる」前提で質問しているのです。その割合は少ないにしても、これはさすがにないでしょと、その企業のイメージじたいが悪くなりました。

また、このような質問は悪意のあるなしに関わらず「結婚したら女性が改姓するものだ」という刷り込みにもつながります。こんな迷惑な話しはありません。こういった社会の在り方に、ずっとずっとため息をつきながら、何か打開策はないかと考えてきました。

合わせたくないけど、合わせて欲しいわけではない

さて、そんな私も二十三歳で結婚を決意しました。もちろん、「姓」に対する疑問を抱えながら生きてきたので、結婚しても改姓する気などさらさらありませんでした。しかし、いざ現実的な相手が出来てみると、また新たな問題にぶつかったのです。

「どうしよう。自分が改姓するのは絶対に嫌だけど、かといって、夫に私の姓にして欲しいわけでもない……」

夫に合わせるのはもちろん、それを無理やり合わせさせるのは、自分が最も嫌う行為でした。

そこで、とりあえず夫と話し合うことにしました。

もともと日本人は話し合ったり自分の意見を出すことが苦手な国民性であるといわれているため、結婚前の話し合いが足りない夫婦……というか、話し合いすらしていない夫婦が多いといいます。

しかし、結婚前に話し合いをしないことは、のちのち様々なトラブルの元となるため、私はどんなことでもまずは話し合うことが大切だと考えます。

例えば、本章のテーマである「姓」については、男性側に合わせて当たり前と考えている人が多いため、婚姻届の提出直前に話し合いどころか「もちろんこれで良いよね？」といった「確認作業」に終始するカップルが多いといいます。さらには、「家事」も「女性がして当たり前」、「お金」は夫の収入を柱にして「当然」……「だと思っていた」、と、結婚前に話し合いをしていなかったがために、結婚後に揉める夫婦が少なくないのです。

私たち人間は話し合う力を持つ生き物ですから、相手の意見を聞き、自分の意見もしっかりと述べなければいけません。多少面倒な作業ではありますが、話し合いをせず、相手の気持ちを想像するだけで終わってしまうと、どうしてもその想像には自分の都合が働いてしまいます。そして、これを相手に押し付けると……夫婦関係がガタピシと音を鳴らし始めてしまいます。

「共働きなのに、子どもが熱を出したら『それは当然、母親の仕事だろ』と言って、お迎えは必ず妻である私に押し付けられる。何度会社を早退したか！」

「妻はおれの収入ばかりをあてにして、ちっとも家計のために働こうとしない！　子どもが小学生になったらパートに出てくれると思っていたのに！」

「親との同居などわざわざ言わなくても長男のおれと結婚した時点で将来的にそうなると分かっていたはずなのに、いざ同居を切り出したら妻に『聞いてません』と反対された！」

……など、色々な声を聞きますが、いずれも結婚前に話し合いをしていない場合が多いようです。もちろん、話し合いをしていても、やむを得ない事情でその約束が守られないことも現実には起こるでしょうが、話し合いの結果が実行される、されないはともかくとして、とにかく一緒に生活をして、共に人生を歩むわけですから、事前にお互いの気持ちやライフスタイルを確認することはとても大切なのです。

結婚を約束した私たちがまずはじめに話し合うことにしたのは、「姓」、「お墓」、「結婚式」の三つ。

二〇一〇年の秋、「豊来家大治朗」こと「井村大二朗」と、「露の団姫」こと「鳴海ハトル」で「姓」についての話し合いがはじまりました。

「どちらの姓にするか」

社会の声は……？

「どちらの姓にするか」――この話し合いを始める前に、まずは私たちと同じく夫婦が姓を合わせることに対し疑問を持つ人たちの意見や体験を思い出してみました。

例えば、「姓」について婚約者と意見が合わず婚約を解消したという友人。

婚約者から当たり前のように「おれに合わせるだろ？」といわれ、カチンときたそうです。そして、カチンときた顔をしたところ「なんでそれでカチンとくるの？」と婚約者に笑われたため、友人は瞬時に別れを意識。もう今日限りでこの人と会うのはやめようと決意し、最後の最後だと思い「聞き分けの良い彼女」をやめてみて「え？　私の苗字にしてくれると思ってた」と言い返してやったそうです。すると、「カチン」を笑った婚約者が「大激怒」したというのですから……おかしなものですね。

自分がされて嫌なことは人にしないと学校でも習ったはずなのに、夫婦になると妻が夫のいうことを聞いて当たり前だとか、妻とはこういうものだと思っている男性が多すぎます。友人は自分で決めた婚約解消ではありましたが、さすがにその晩は泣きました。

でも、今ではこれで良かったと言います。「だって、あんな人と結婚してたら、私、今ごろ都合の良い家政婦さん兼ヘルパーやで？　もっと泣かされてたわ！」と、生ビールを飲みながら笑いました。私も「ややこしいしがらみが生まれる前に悪縁を断ち切れて良かったやん！」と、本心から彼女に声をかけました。

また、夫婦で話し合い、夫は妻側の姓になることを承諾してくれたのに、夫の両親に大反対されたという人もいました。「世間体が〜」だとか、「あなた（妻）には弟さんがいるでしょう？」などと言われ、全く気持ちを理解してもらえず、理解しようとする姿勢すら感じられなかったそうです。結果、こちらのご夫婦は事実婚を選びました。

さらに、このような周囲からの反応を予測して、はじめから「事実婚」を選ぼうとしたカップルもいましたが、会社の保証制度などは法律婚を前提としているため、生活や老後のために泣く泣く事実婚をやめて、婚姻届けを提出。ふるえる手で「姓」を選択したという方もいらっしゃいました。

他にも、「夫の姓にすることに抵抗はなかったが、アイデンティティを失ったような気になり、気分がふさぐようになった」とか、「苗字も変わり、名前どころか『お嫁さん』としか呼ばれない生活に、私はなんのために生きているのか分からなくなった」という声も聞こえてきます。家制度の名残もあるのでしょうが、対等であるはずの結婚が、「姓」をどちらかに合わせることによって見えない力関係を生み出しているのは明らかです。

しかし、世論調査の結果を見ると、「たとえ選択的であっても、夫婦別姓など絶対にダメだ」と反対する方はまだまだ多くいらっしゃいます。様々な意見がありますが、大半は「夫婦別姓にすると家族の絆がなくなる」というのです。

では、本当に夫婦別姓にすると家族の絆はなくなってしまうのでしょうか？

私は、姓にしろ信仰にしろ、無理やり片方に生き方を合わせさせることは「きずな」ではなく、人間を縛り付ける「たづな」だと思っています。手綱は引いているほうはご機嫌でしょうが、引かれているほうは意見があっても首がしまって物も言わせてもらえません。

もちろん、本当にお互い合意のもと、姓も信仰も合わせるぶんにはなんの問題もありませんが、姓や信仰について半ば強制的にパートナーを従わせることは、絆でもなんでもありません。

現に、その「絆」で繋がっているはずの家庭で、どれだけ不倫や虐待、家庭内別居などの問題が起こっているのでしょうか。数え始めたらキリがありません。そして反対に、事実婚であっても愛に溢れた家庭はたくさんあります。

結局、「形」にこだわる人は「形」がないと不安なのでしょうが、互いの関係に信頼があれば、形などなくてもしっかりと繋がっているのです。

妻の生家であるお寺を継いだ男性の苦悩

さて、女性の改姓についてばかり話しをしてしまいましたが、男性側が姓を変える場合でも、同じく悩み苦しむ人がいます。実は私の知り合いの男性僧侶には、結婚時に妻の姓にした人がたくさんいるのです。といっても、これはジェンダーの観点からではなく、主に「跡継ぎ」問題での改姓です。

お寺というのはもともと世襲制という決まりはありませんが、現代では多くの寺院が世襲制で続いています。その良し悪しについてここではあえて議論しませんが、現在では女性僧侶も増えたため、昔のように「うちのお寺は娘が一人だからお婿さんを！」という考えが絶対ではなくなり、その一人娘が僧侶となって跡を継ぐというケースも増えました。

それでも、まだまだ娘の結婚相手の男性を跡継ぎとするお寺も少なくないため、一般家庭出身で跡を継ぐお寺のない男性僧侶が、「寺の娘」と結婚して「跡継ぎ」となる場合、妻の姓に合わせることが仏教界では通例となっています。

この場合、男性にとっては将来的に「住職になれる」という有り難い条件付きですから、男性側にはそこまで精神的負担はないのかな？　とか、これが仏教界では「当たり前」だし……と、恥ずかしながら今まで私自身も思っていたフシがありました。しかし、それこそ勝手な「思い込み」で、やはり、苦しんでいる男性僧侶は少なからずいたのです。

というのもここ数年、私自身が「姓」についての疑問を著書やＳＮＳなどで発信するようになると、「妻の姓にしたが、モヤモヤしている」という男性僧侶から連絡が来るようになりました。その数は一人、二人ではありません。地域も関西に限らず、全国にいらっしゃいました。

お話しをうかがうと、やはり悩みは女性の場合と同様で、「自分が自分でないようだ」「お婿さんとしか扱ってもらえず、自分はモノみたいだ」という悩みでした。それに加え「男友達からなぜかバカにされた、理解してもらえない」や、「妻の付属品のように扱われる」といった苦しみの声もありました。

また、同じように跡継ぎになるため妻の姓にした仲間の男性僧侶に相談すると、共感してもらえるどころか「自分で選んだ道でしょ」とか、「自分はなんの後悔もないから君が悩む理由が分からない」などとされ、余計に相談できなくなったといいます。

妻が好きで、妻の両親も好きで、お寺が好きで、檀家さんも好き――でも、それが自分の姓を変えることに抵抗をなくす理由にはならないのでした。このような男性僧侶の胸の内を聞いたとき、本当に根深い問題だと改めて考えさせられました。

「おれのこと愛してないの？」

このように、姓をどちらかに合わせることは人によっては大きな苦しみを感じます。もちろん反対に「好きな人と同じ姓になれるなんて、この上ない喜びだ」という人もたくさんいますので、「夫婦同姓」自体は否定しませんし、人それぞれで良い、だからこそ「選択的」夫婦別姓が良いのではと常々考えてきました。

どんなテーマにしても「自分はこうだから」と、人にもそれを押し付ける行為は魂を封じ込めることと同じです。そこで近年では、世界各国で人権の視点から、こと「生き方」に関し「多様性」を重んじるようになってきました。それでも、人間というのはどうしても身勝手な生き物ですから、ときに強引に、他者を従わせようとします。

「姓」に関して、私がいつも卑怯だと思うのは「愛」を口実に女性を従わせようとする男性です。これはどういうことかというと、「自分の姓を名乗りたい」と女性が言うと「おれのこと愛してないの？　おれのこと愛してるなら、おれの姓にしてくれると思ってたんだけど……」と「愛」を人質にとって、相手をコントロールする行為です。

本当に「愛があれば自分の姓を変えることなど厭わないはず」と言うのであれば、そういう男性こそ女性側の姓に変えれば良いだけの話しですが、実際にこのように返せば「それはちょっと……」と言う人が多いでしょう。ここで「男と女ではワケが違う」などと抽象的な言い訳をするような相手なら、もう手遅れです。

「愛」を人質に取る人はたいがい常習犯です。こういう人にひとたび人質になることを許してしまうと、姓以外にもありとあらゆることを都合よく押し付けられます。また、基本的にこういう人はＤＶ（ドメスティックバイオレンス）の傾向も非常に強い人です。

現在、私たちが親しみのある「愛」という言葉はキリスト教用語で、仏教では「慈悲」に近いものがあります。では、仏教には「愛」がないのかというと、そうではありません。

実は仏教では「愛欲」というものがあり、これは「愛」とは真逆の意味で「相手を思い通りにしようとする自分本位の欲」のことです。

好きな相手から「愛」を持ち出されるとどんな人でも弱いところですが、どれだけ蜜月のカップルでも、常に、二人の関係は「愛」なのか「愛欲」なのかを冷静に見極める必要があります。

このように、世間では姓をはじめ結婚生活について様々な問題が生じていることをお互いに話し合いながら、自分たちの結婚において姓はどうしたら良いのか、夫とトコトン話し合いました。結婚する日付は夫の誕生日である三月十一日と決めています。婚姻届けを提出する予定のその日は、私たちの意志も、法律の改正も待ってくれません。すると、結婚を四カ月後に控えたその日、喫茶店で夫が口をひらきました。

はじめに選んだ道

「僕が鳴海になりましょうか」

「僕が鳴海になるということで、どうでしょう」――コーヒーをすすりながら、夫の大治朗が言いました。あまり感情が表に出ない夫でしたが、見るからに「姓の問題で結婚が破談になることだけは避けたい」という思いがにじみ出ています。夫は結婚のために自分の姓を犠牲にする選択をしようとしていたのでした。その姿はなんとも痛々しかったのですが、一方で、そこまでして結婚したいと思ってくれていることを嬉しくも思いました。

それでも、あくまで受け取れるのはそこまで言ってくれる「気持ち」だけで、やはり、自分が夫の姓になるのも、夫が自分の姓になるのも、どちらも受け入れがたいものでした。

そこでとりあえず、「大治朗さん、焦らないでください！　どちらの姓になろうとも、あなたと結婚する意志は変わらないので、安心してください」と伝えました。

思わず笑顔がこぼれる夫。その笑顔を見れば見るほど、なぜ「夫婦同姓」はこれほどまでに結婚したい男女の邪魔をするのかと、疑問は増すばかりでした。

「選択的夫婦別姓」は「選択的夫婦同姓」と同じことです。同姓でいたい人は同姓のままで、別姓が良い人は別姓に出来る、誰も困らないはずのシステムです。なのに、なぜいつまでも実現しないのか……のちに、「選択的夫婦別姓」がなかなか叶わないことへの皮肉を込めて、現行の法律を「強制的夫婦同姓」と呼ぶ声のあげ方があることを知ったときは、多少キツイ言い方だなとは思いましたが、国連から勧告を受けるほどの「夫婦同姓」は、なるほど「強制的」と言われても仕方のない問題だと思いました。

私たちのように、ここまできても夫婦同姓がイヤであれば、事実婚を選ぶ人も多いでしょう。しかし、仮に両親は良くても、お互いの師匠はどう思うだろうか、所属事務所には理解してもらえるか……考えれば考えるほど、どうしても事実婚を選ぶ勇気が出ませんでした。結局、私たちは己が最も嫌っていたはずの世間体にとらわれていたのです。

少しの沈黙の間、私たちは喫茶店で流れるクラシックをぼんやりと聞いていました。すると、急に現実に引き戻すかのように私の携帯が鳴ったのです。「ちょっと携帯、失礼します」――夫に断って画面を見ると、当時同居していた姉からのメールでした。「今仕事終わった！　今日の晩御飯どうする？　お好み焼きでもする？　それならキャベツ買って帰るけど」。慌てて夫に「すみません、今日はデートだと姉に伝えるのを忘れていたので、サッと返信していいですか？」。申し訳ない素振りを見せながら手早くメールをすると、「団姫さんのお姉さんて、どんな人ですか？」と夫が聞いてきました。

そこで私も答えました。「長女は、私と同じ顔で私より痩せています。次女は、私と同じ顔で、私より太っています。私がちょうど、中間の中肉中背です」。それを聞くなり「トリオみたいですね」と笑った夫。そこから、私たちはコーヒーの香りにいざなわれるように互いの家族の話しをはじめました。

夫の兄

私は、自己紹介でも述べたとおり、三人姉妹の末っ子です。鳴海という姓は父方の姓でしたが、それも歴史があるわけではなく、父方の祖父が養子に行った先の姓でした。もともとは「須田」という姓だったはずだと父はいいます。そして、姓の歴史とともに家系の歴史もそれ以前が何であったのか、子孫である私には全くなにも分かっていません。ちなみに姉二人は現在も未婚のため、私がたとえ「井村」になったところで、「鳴海」が途絶えるという可能性は低いのですが、姓は家系が途絶えるという問題とは別に、やはりアイデンティティの問題であるため、姉が未婚であることは私の結婚には何の関係もないことでした。

そして夫のほうはというと、先祖代々、兵庫県の高砂で暮らしてきた井村家です。我が家とは違い、ご先祖様はどんな人か、どんな仕事をしていたのかきちんと分かっている家系です。夫は兄が一人、妹が一人ということでしたが、思えば、夫は今まであまり兄や妹について語ったことがありませんでした。そこで夫に「お兄さん、妹さんて、どんな人？」とたずねたのです。

すると、「妹は、団姫さんのお姉さんたちと一緒で結婚はしていません。仕事は……」と簡単に喋ったあと、少し間をおいて、夫が言いました。

「今までなんとなく言いそびれていたのですが、兄は三十一歳のときに事故で亡くなったんです」。

これに、なんと答えたのか今では覚えていません。なんとか話しを続けなければと必死でした。

「お兄さんは、どんな人やったんですか？」

「僕とは正反対の人です。明るくて、社交的で、仕事ができて、話しがうまくて。両親は兄に相当期待していました」

このとき、子を失うという想像を絶する苦しみを抱えているであろう夫の両親の顔が思い浮かびました。そして、自分の姓への想いより、大切な我が子を失った夫の両親の心情を思いやるべきではないかとも思いました。

将来、もし孫ができたとき、その孫が「井村」という姓を持っているのといないのとでは、夫の両親にとっては喜びの大きさがまるで違うのではないかと考えたのです。

相談

その晩、帰宅すると母に電話しました。

「もしもし？　あれ？　今日、大治朗さんとデートやなかったん？」

受話器の向こうでモグモグという音が聞こえます。母はクッキーをほおばりながら電話をしているようでした。

「うん。デートやってんけど、お互いの家族の話しになって……それで、私、自分が井村になってもええかなと思ってん」

「えー!?　なんで？」

「こうこうで……お母さんはどう思う？」

ゴクンとクッキーを飲み込む音がすると、母は続けました。

「お母さんは、あんたが自分で考えて、自分で決めたことを応援するよ！　それに、お母さんもお父さんも、そもそも娘が結婚するとも思ってなかったから、あんたが結婚するだけでも嬉しいし、もし孫ができたらそれはそれで嬉しいし、大治朗さんの家の事情を知って、あんたの気持ちがそうなったなら、そうしてみたらいいと思うよ。そんな事情があったら、やっぱり孫が〝井村〟だったら嬉しいと思う。え？　うち？　うちは家系もなにもない家だから、孫の苗字はなんでもいいよ（笑）。だって、苗字が違っても繋がってるんだから。とにかく、あんたが思ったままのこと、大治朗さんに話してみたら？」

「うん、そうしてみる！」

ガサガサと次のクッキーを探す音が聞こえるなか、電話を切りました。

「私が井村になります」

「それは……ありがとうございます。でも、両親のことを考えると、助かります」――居酒屋で乾杯した生ビールを置き、頭を下げる夫。私が井村になろうと思うと話したことに、とても驚いたようですが、言葉どおり、本当に「助かった」のだと思いました。

「でも、本当にいいんですか？　団姫さんのストレスになりませんか？」

「うーん、自分で決めたことだから、意外と大丈夫な気がするんです」

――もちろん、自分が「井村」になることは多少のストレスを生むであろうことは予測していました。なにせ、物心がついたときから夫婦別姓を希望していたのです。それでも、普段はほとんどの時間を芸名で暮らし、本名など役所か病院でしか呼ばれないため、そう考えると案外「井村」でもストレスにはならないのかな？と、その時は軽く考えていたのです。

そこで、心配顔の夫に「とりあえず、私が井村でやってみましょう！　それに、『井村』をカタカナで書くと『イム』は『仏』という漢字にもなるし、私に合ってるかもしれません！」と笑ってみせました。

大丈夫。ここまで考えて決めたことなのだから、きっと、大丈夫なはず。なにより、この人とずっと一緒にいたいのだから、乗り越えられるはず。――しかし、それは甘い時間に酔っていた私の思い違いで、現実はそう甘くはなかったのでした。

姓名は「わたし」の歴史

改姓の日を迎える

私が夫の姓である「井村」になることが決まると、いよいよお互いの両親に挨拶へ行くことになりました。私の実家では、緊張のあまり顔が白くなったり赤くなったりする夫、照れくささを隠すためひたすら喋る私。「子どもを産む、産まないもあなたたちが決めることだし、できるかどうかすら誰にも分からないから、焦らなくていいからね」と言いながら、早速イオンで赤ちゃん用の小さな靴下を見て夢を膨らませる両親。

順調に準備が進み結婚式を迎え、二〇一一年三月十一日、ついに私は婚姻届けの提出とともに「鳴海」とお別れすることになりました。

思えば「鳴海ハトル」という名前は二十四年間、私と苦楽をともにしてきた名前でした。

名前をきっかけに事件に巻き込まれる

実は私、本名がきっかけで高校時代に自殺を考えたことがあります。考えたことがあるというよりも、実行する直前でした。といっても、「変わった名前でいじめられた」という理由ではありません。幸い、名前でいじめに遭うことはなかったのですが、思いがけない事件に巻き込まれたのです。

ことの発端は、ＮＨＫ『中学生日記』という番組でした。学生時代、父親の仕事の関係で愛知県一宮市に暮らしていた私は、小学校六年生から高校一年生まで、名古屋にある劇団ひまわりに所属し、ドラマなどでチョイ役をしていました。その仕事の一環であったのが、ＮＨＫ名古屋放送局制作の『中学生日記』です。

当時、この番組では出演者である中学生のほとんどが芸名ではなく本名で出演をしていました。現代では考えられないことですが、二十年前は、未成年が本名でテレビ出演してもそこまで危険な時代ではなかったのです。しかし、事件は起こりました。

その日、高校二年生だった私は、将来弟子入りしたいと願う「露の一門出演情報」を調べるため、ネットカフェへと出かけました。検索が終わると、終了予定時間まで少し余裕があります。そこで「そういえば、『インターネットで調べたら、自分と同じ名前の人を探すこともできる』とお父さんが言ってたな。さすがに鳴海ハトルはいないだろうけど、調べてみよう！」と、好奇心から「鳴海ハトル」を入力し、検索ボタンをクリックしたのです。

すると、思いがけないことに画面いっぱいに検索結果がでてきました。しかし、それは私の全く知らない世界のことで、「同人誌」「ボーイズラブ」といった言葉と画像が並んでいます。いったいどういうことなのか？　おそるおそる検索をすすめてみると、なんと、私と全く別人の「鳴海ハトル」なる人物が「同人誌」と呼ばれる性漫画を描き、広く販売していることが分かりました。のちに分かったことですが、発行部数は約一万部にのぼりました。

想像を上回る問題

はじめは状況が呑み込めませんでした。帰宅し、急いでこのことを母に話しましたが、母はそもそも「同人誌」なるものが何者であるのかすら分からないため、私もうまく説明することができませんでした。そこで、翌日学校へ行き友人へ相談してみると、これまた思いがけず胸をえぐられるような思いになったのです。

「ごめん、それ、知ってる」

「知ってる？？？」

「ハトルちゃんて、名前が変わってるから私も一度おもしろ半分でインターネットで調べたことがあって、そうしたら出てきたの」

「ええ！　知ってたなら早く教えてくれたらよかったのに！　なんで教えてくれなかったん？」

「……だから、ごめん。ハトルちゃんが、実はそういうエッチな漫画を内緒で描いてるって思ってた。しかも、内容が内容だから、直接聞きづらくて……」


まさか……まさかまさかまさか！　友人にそんなふうに思われていたとは……。

ということは、あの人にもそう思われているかも知れない、この人にもそう思われているかも知れない……そう考えるだけで恥ずかしくて涙があふれ、学校に行きたくなくなってしまいました。

でも、いったいなぜ、わざわざ「鳴海ハトル」という名前で同人誌を描く人物がいるのか。泣いている場合ではない、この問題に立ち向かわねばと思いました。そこで、「鳴海ハトル」の漫画を出版している比較的大きな出版社へと電話してみることにしました。

当たり前のことですが、担当者はまさか「鳴海ハトル」という戸籍名を持つ女子高生がいるとは思いもよらなかったようで、すぐに対応をしてくれ、作者である群馬県に住む二十四歳の女性の電話番号を教えてくれました。

そこで早速、電話をしてみると、相手はとても驚いたようでした。そしてなぜこの名前を使っているのかと聞くと、悪びれもせず「中学生日記のテロップで名前を見て、ペンネームにちょうどいいなと思ったから」と答えたのです。

「使用するにあたって、芸名か本名かなど、確認しなかったのですか？」

「してません。そこまで考えてませんでした」

あまりにも稚拙な答えにあきれるばかりでしたが、使用中止を求めると、呑気な声で「本名を使われて、なんで困るんですか？」と聞いてきました。これには我慢の限界で、「性描写のある同人誌を描くにあたって本名で困らないのであれば、あなたが自分の本名で描けば良いでしょう⁉」と言うと、向こうは黙り込みました。

一度、電話を切って後日かけなおすと、今度は女性の中学生の妹が出て「うるせー！バーカ！」と言って電話を切られました。

私は被害者ではないのか?
なぜバカとまで言われなければならないのか?
これでは話し合いすらできません。そこで、NHKの顧問弁護士さんに相談し、民事訴訟となったのでした。

十七歳、民事訴訟とうつ状態を経験する

地方に住むいち女子高生が自分の名前を守るため民事訴訟の原告になる。それはとてつもないストレスをともなうものでした。裁判だけでも大変ですが、先述のような友人との会話から人間不信に陥り、また毎日顔を合わせる本名の「鳴海ハトル」が、一番愛しい名前であると同時に、一番見たくもない名前になってしまいました。両親からプレゼントされたこの名前に、日々嫌悪を抱かなければいけないストレスは、私から笑顔を奪いました。

気が付けば、死にたい死にたいと思うようになっていました。診断は受けていませんが、まさにうつ状態でした。実際に自殺を試みたこともありましたが、最後に私の自殺を思いとどまらせてくれたのが仏教だったのです。

その日、今日こそは死のうと、飛び降りるか、リストカットをするかと考えました。そ

してふと今までの人生を振り返ると、はじめてお経を読んだときの感動を思い出しました。お釈迦さまが、私というちっぽけな人間を全力で応援してくださっていると知った法華経。そう思い出した瞬間、「私が死んだら、私を応援してくださっているお釈迦さまが悲しむ！」と思い、我に返りました。自殺を思いとどまることができたのです。

このことをきっかけに、将来お坊さんにならせていただいた暁には、信仰心を持つことを世間の方々へすすめ、自殺を防止する活動をしたいと考えるようになりました。仏様の教えに感動して仏教徒となった私が、その慈悲に救われたのです。信仰がなければ死んでいました。

約一年間にわたる裁判を経て、最終的には出版物の流通差し止め、および和解金九十万円で決着がつくことになりました。裁判によって、私の「パブリシティ権」なるものが守られたのです。

裁判が終わると、また少しずつ自分の名前に対する愛着を取り戻すことが出来ました。それでも、古本屋などへ行くと「古本屋に出回っているぶんに関しては回収不可能だといわれた。もしかすると、あの本があるかも」と恐怖を感じ、胸が痛くなりました。この裁判をきっかけに、心臓神経症という病気になっていたのです。

このような症状はしばらく続きましたが、十八歳のときに落語家として入門し、師匠から芸名をいただくと、次第に内弟子修業の忙しさで胸の痛みを忘れることができました。また、初の著書にこの事件について記したことをキッカケに、正々堂々とこの事件について事実を語っていけば良いのだと考えられるようになったのです。

姓名は「わたし」の歴史

そんなことで、私にとって「鳴海ハトル」という名前は、己の自尊心を大きく育ててくれた名前でもあり、芸名のような不思議な本名でもあり、普通の名前であれば事件に巻き込まれることはなかったのにと何度も憎んだ名前であり、また、苦しみの中で仏教徒としての一つの覚醒をもたらした名前でした。

「ハトル」という名前は「鳴海」と一組になって、はじめて意味があると思ってきました。それが「井村ハトル」になる日が来るとは思いもよりませんでしたが、その日、私はついに「井村ハトル」となったのです。しかし、私たちが婚姻届けを提出した二〇一一年三月十一日は、東日本大震災の当日でした。午前中に婚姻届けを提出、帰宅してしばらくすると、あのおぞましい津波の映像がテレビに映し出されたのです。

私たちは「改姓がどうの」と感じる暇もなく、国難を目の当たりにしながらただ茫然と立ち尽くすだけの日々が続きました。

夫の姓で呼ばれる苦悩

悪口を言われているような気持ちになる

東日本大震災のあと、日本は少しずつ元気を取り戻していきました。私たちは偶然にもその日に結婚してしまったことを、誰に対してでもないのですが、どこか申し訳なく思いながら、できる限りの復興支援のお手伝いをしようと取り組んできました。

気が付けば結婚半年。意外にも「井村ハトル」でストレスが溜まっていないことに気付きました。それもそのはず。そもそも、結婚してもどちらの姓にしたかという公表は控えていたので身内にしか「井村」になったことは知られていませんでしたし、悪あがきかもしれませんが、免許証やパスポート、通帳などは鳴海のままにしていました。すぐに変更したのは生命保険ぐらい。病院へ行くこともなかったので井村と呼ばれる機会もなければ、井村という宛名で郵便物が来ることはほとんどなかったのです。

「案外、苦痛ではないかもしれない」――そう思っていた矢先、有り難い一報が届きました。

得度

「得度を許します」

高校一年生の頃から落語家と僧侶になることを志していた私は、落語家の修業が明けてから比叡山とご縁をいただき、得度は許されずとも「天台宗キャンペーンガール」として布教活動をする機会をいただいてきました。それでも、いつかちゃんとしたお坊さんになって、より説得力のある布教をと願っていた私に、やっと、得度が許されたのです。二〇一一年九月のことでした。ここからの予定は、二カ月後に比叡山で得度式、翌、二〇一二年四月から比叡山で修行と決まりました。

ちなみに夫には「比叡山から許しが出次第、すぐに得度と修行」という話しを結婚前からしていたため、夫婦間で何も問題ありませんでした。ところが、私の志などなにも知らない、知ろうともしない心ない人たちからは、「妻の身分で夫を置いて修行とは身勝手だ、それよりも早く子どもを産め」と批判されました。結婚したら妻が夫に従属するものだという意識の強い人たちに、こんなときまで追いかけられなければいけないのかと驚きました。

しかし、暇つぶしのように罵声を浴びせてくる世間の声などいちいち気にしていては、己の道はひらけません。早速、私はお坊さんの師匠からの指示どおり手続きを進めていきました。するとここにきて、とてつもない違和感を感じるようになったのです。

というのも、お坊さんの世界はさすがに芸名ではありません。普段は便宜上、お坊さんの活動もすべて「露の団姫」でしていますが、正式にはお坊さんの活動は戸籍の苗字および法名となります。

そこで私も様々な書類に「井村ハトル」と記入し、戸籍謄本を取り寄せたりしていたのですが、まず、その書類を誰かに見られることじたいが「恥ずかしい」と感じました。「井村」がイヤなわけではないのです。でも、これだけ夫婦の在り方や男女の権利を唱えてきた自分が「鳴海」以外の姓、夫の姓を名乗っていることが、「結局、私も結婚という制度にかしづいていますう」と言っているようで、たまりませんでした。

そしていよいよ修行道場に入ると、桁違いに「井村」は私を襲ってきました。修行道場では日に何度も「井村」と呼ばれます。すると、相手にはなんの悪意もないのに、「井村」

と呼ばれることが、まるで悪口を言われているかのように感じられたのです。「井村」と呼ばれると返事すらしたくもありません。だからこそ、法名である「春香（しゅんこう）」で呼ばれると、ほっとしました。

出産

井村と呼ばれることがどれほど受け入れがたいことか修行道場で思い知った私は、それから生活のどのシーンでも、井村と呼ばれたり、井村と宛名の書かれた役所からの封筒を見ると、やはり悪口をいわれているような気持ちになりました。

また、泣く泣く免許を更新したあとは、「井村ハトル」と書かれている免許証を誰かに見せることを苦痛に感じるようになり、身分証明書の提示を求められるだけでストレスがたまりました。

そんな私に苦痛の第二波がきたのは、出産でした。

産院では当たり前に私は「井村さん」と呼ばれますが、それだけで定期健診がおっくうになり、母子手帳に書かれた「井村ハトル」に吐き気がしました。さらに出産となり入院すると、井村、井村です。そして、勝手に押し付けられる「母親とはこうあるべきもの」

という圧が井村に加わると、私はいったい誰なのか、見失いそうになりました。もちろん、この地球上の大きな命の営みのなかで、私は私であって私ではないのでしょうが、私が井村ではないことだけは確かでした。

ただ不思議なことに、やはり井村という名前じたいを憎んでいたわけではないので、自分が井村さんと呼ばれることにはストレスしかありませんでしたが、我が子の姓が井村になったことには何の抵抗もありませんでした。

合憲判決に加え、マイナンバーで、ついに決断

二〇一四年に息子を出産してしばらくすると、例の「夫婦同姓は合憲か違憲か」についての判決が最高裁で行われることになりました。夫婦別姓にまつわる裁判には過去何度も裏切られてきましたが、夫婦別姓を応援している弁護士の先生に今回はどんなものかと様子をお尋ねすると、「今回こそは選択的夫婦別姓、とおりそうですよ。期待はかなり大きいといってもいいです。団姫さん、いよいよですよ」と言っていただきました。現に、世間でも「今回はいけそうだ」と言われていました。そこで私たちも夫婦ですぐに話し合ったのです。

「結婚って、同じ人とは離婚の翌日から再婚できるらしいから、法案が通ったら施行日の前日に離婚して、当日に再婚して別姓になろう！」

こうして判決の日を心待ちにしていましたが、その壁は厚く、選択的夫婦別姓が叶うことはありませんでした。件の弁護士さんからはため息とともに、「次のチャンスはざっくり十年後です。そんなものなんです。悔しいですね」と連絡をいただきました。

果たして、十年後まで私は待てるのだろうか？　いや、この六年間、たった一度でも井村と呼ばれて嬉しかったことはない。どうしたら良いのだろう……。

そのとき、第三波が私を襲いました。二〇一五年のマイナンバー制度の開始です。芸人という商売は毎日主催者が異なるため、年末から二月にかけて、何十通もマイナンバーカードのコピーを各講演会社や主催団体へ送らねばなりません。そこで私も決して率先して見せたいわけではない「井村ハトル」のカードをいやいやコピーしては用紙に張り付け主催者へ送る作業を繰り返していたのですが、二〇一六年、二〇一七年と連続でこの作業をした結果、もう無理だ、私は井村なんかじゃない！と限界を感じました。

そして、私たちは決断したのです。

「離婚しましょう」

離婚の下ごしらえ

今なら

夫婦同姓に限界を感じた私は、夫にもうギブアップだと伝えました。夫はすぐさま「じゃあ、僕が鳴海になります」と答えましたが、私は「いや、あなたが鳴海になっても結局は同じことだから、もう、いっそのこと事実婚にしない？」と提案したのです。すると夫は意外な顔をしながら、「事実婚ですか⁉　でも……今ならいいかもしれません」と続けました。

「正直、六年前は事実婚にする勇気がありませんでした。あのとき僕は団姫さんが師匠や事務所の手前を考えるとやはり法律婚しかないかと悩むのをいいことに法律婚を選びましたが、違うんです。僕が一番怖かったのは、団姫さんとの繋がりでした。事実婚では、団姫さんと繋がっていられるか、不安だったんです。婚姻届けで結ばれていないと、団姫さんに嫌われたときに団姫さんがいなくなっちゃうと思って。でも、六年経って、団姫さんが僕のしんどいところも理解して受け入れてくれて、自分が愛されている実感が持てるようになったので、今なら逆に法律で繋がっていなくても何も心配いらないという自信があります。むしろ、事実婚で仲良くしているのが僕たちの愛の証にもなるような気さえします」

発達障害

この言葉を聞いて、私は一時期本気で夫と離婚を考えていたことを思い出しました。どんな夫婦でもそれぞれになにかしらの事情はあるとは思いますが、私の結婚生活も決して順風満帆ではなかったのです。

というのも、実は夫は発達障害の持ち主でした。分かったのは結婚したあとのこと。発達障害にはアスペルガー症候群やＡＤＨＤ（注意欠如多動性障害）などがありますが、夫はＡＤＨＤでした。

はじめ、付き合っているうちはあまり気になりませんでした。「ちょっと変わった人だな」と思うぐらいで、むしろその不思議な雰囲気も好きなところでした。ところが結婚してみると、それを好意的にとらえられなくなったどころか、その障害は実生活や仕事においてとてつもない悪影響を及ぼしたのです。

ＡＤＨＤの場合、よく言われるのは「社会性がない」「やる気がない」「人の話しを聞いていない」「空気を読めない」「こだわりが強い」などといったことで、他にも「言葉をオブラートに包めない」「言葉の意味をそのまま受け取ってしまう」などの傾向があります。はっきりとした原因は不明ですが、今のところ、脳内の分泌物質の停滞と考えられています。

結果、これらの症状は人付き合いを困難にするため、会社であれば「クビ」、夫婦であれば「離婚」を経験する人が多くいます。コミュニケーション能力が重視される芸の世界で、夫のＡＤＨＤは致命的でした。

師匠をしくじり、先輩をしくじり、主催者をしくじる……気が付けば、結婚相手である私も連帯責任のように責められることが増え、いつも夫の尻ぬぐいに走り、謝ってばかりいたのです。

もちろん、夫もわざとやっているわけではありません。そういう障害なのですから、私もはじめのうちは「足の無い人に走れとは言わないのだから、目に見えない障害でも、夫のことを理解し、サポートしなければ」と必死でした。

病院で発達障害と診断されてから投薬治療を始めると、夫は以前よりだいぶ社会性が出てきました。完治はしないものの、今まで半分眠っていた夫の脳が九割動き始めた印象でした。それでも、日常で繰り返される夫の失敗に、私はもう疲れ果ててしまったのです。毎日、夫に社会性を身につけさせるため、私は鬼のように夫を注意しました。しかし、夫はちっとも変わってくれませんでした。気が付けば、周囲から離婚をすすめられるほど。後輩からは「団姫姉さんて、大治朗兄さんの妻というよりお母さんみたいですよね」と言われ、愕然としました。もう無理だと思いました。

しかし、この危機的状況を救ってくれたのは、仏教の教えであり、キリスト教の教えでした。仏教には「相手を変えようとするのではなく、まずは自分が変わろう」というススメがあります。そういわれてみれば、私は夫を変えることばかり考えていました。人間、自分を変えることすら難しい生き物ですから、他人を変えるなど至難の業です。

そこで、夫を変えるよりも、自分の心の持ちようを変えたり、夫がしくじっても大丈夫なように、あらかじめ周囲の人に夫の症状を説明したり、また夫のしくじりも悪いものではなく、オモシロおかしい夫の特徴として人に話すことで、夫を受け入れてもらうための「環境整備」をしてみてはと思ったのです。

早速、今まで必死に隠していた夫のしくじりを、明るく、オープンにブログに書いてみました。すると、反応は上々。だんだんと、夫の不器用さを愛情をもって受け入れてくれる人たちが増えました。

すると、夫は夫で私のブログのコメント欄を見て少し自信がついたのか、自分でも半ば諦めかけていた発達障害に対して、前向きに取り組むようになりました。

聖書には「神様は乗り越えられない試練は与えられない」とあります。夫は厄介に思っていた発達障害への意識を変え、クリスチャンとして学ぶために神様から発達障害を「与えられた」と考えるようになりました。それから、積極的に発達障害について学び、先輩からの厳しいお叱りもしっかりと受け入れ、変わろうと努力しはじめたのです。その頃から、私たちの夫婦関係にも光が差しはじめました。

もちろん、今でも楽屋でのしくじりはありますが、私たちは前向きに発達障害と生きることに取り組んでいます。今では私が「夫との生活は修行です」と例えると、夫は「妻に叱られることは試練です」と軽口をたたくほどです。

そんな六年間を振り返ると、夫の言うように、私たちには結婚初期にはなかった確固たる精神的繋がりが出来ていました。私も夫と同じく、事実婚でも胸を張って仲良く夫婦として生きていけるという自信が出来ていたのです。

公正証書を作る

早速、行政書士でもある母に電話をしました。

「こうこうでペーパー離婚して事実婚に切り替えることにしたから、公正証書を作るの手伝って欲しいねん！」

「オッケー！」

すると一週間後、だいたいの公正証書案が私たちに送られてきました。

「こんな感じでどやろ？　細かいところを二人で相談して、また連絡ちょうだい！」。

そこで公正証書案を見てみると……それは〝二人の想いはお見通し！〟といわんばかりのものでした。そう、それは互いを縛るものではなく、互いを尊重し、生きやすくし、家族として幸せに生きるための工夫が凝らされていたのです。

『事実婚契約公正証書』

まずここには、あくまでも今回の離婚は夫婦別姓のための法律離婚であり、事実婚で今後とも夫婦関係を継続することを互いに確認し、合意することが示されていました。続いて、価値観、宗教、生活、職業の尊重。また、看護の必要が生じたときは法律婚の夫婦と同等の義務を負い、権利を行使することや、家事育児、また家計の分担について記されていました。そして、とても大切なのが子どものことについて。

子どもの親権、養育権は？

私たちはペーパー離婚を決めたとき、まずは息子の姓や親権、そして法律的には監護権と呼ばれる、いわゆる養育権について相談しました。夫は「団姫さんは、はじめ僕の両親の心情を思いやって孫も井村であったほう良かろうと自らも井村になってくれましたが、実際に生まれてみると両親は孫の存在だけでもこのうえない喜びを得ていますし、自分の両親のために息子は産まれたわけではないので、井村でも鳴海でもどちらでも変わりないです」と言いました。

そう言われて私は心底ラクになりましたが、そもそも息子の名前は「井村」とのバランスを考えてつけた画数の多い名前です。仮に「鳴海」と組み合わせるとどうだろうと二人で紙に書いてみましたが、姓も名も画数がかなり多くなるため、なんだか固すぎて窮屈なイメージの名前になってしまうことが分かりました。そこで、やはり息子の姓は「井村」のままにしておこうと決めたのです。

続いて親権です。ここで、「息子を井村のままにするなら、イコール、井村である夫が息子の親権を持つということではないの？」と疑問に思われる方もいらっしゃるかもしれませんが、実は、離婚したのち仮に私が息子の親権を得たうえで自分が鳴海に戻っても、息子が井村のままでいるか鳴海になるかは別の手続きのため、離婚後の親権と子どもの姓はセットではないのです。自動的にそうなるものだと思われている方も多いようですが、法律ってヤヤコシイのですね。

このような事情のため、夫婦で息子の姓とは別に親権の話しもすることになりましたが、私は夫が親権を持つほうが良いと考えていました。なぜなら、私は息子を自ら出産した身なので、肉体的にも親であるという繋がりは間違いのないものです（あ、もちろん息子の父親は夫ですヨ！　念のため……）。それならば、法律上の親権という繋がりは夫が持っていたほうが良いのではないかと感じました。

これには夫も大喜びで、やはり事実婚なうえに自分が親権を持たないとなると、詳しい事情を知らない人からはいらぬ誤解を受けたり、また喋るのが苦手な自分ではそれをうまく説明する自信がないので、親権を持つことは、生活上大きな違いがあると言いました。

さらに養育権についても、息子といる時間が多い夫の方が緊急時の対応をする可能性が高いため、養育権も夫が持つことになりました。

しかし、親権も養育権も夫に託すことは、「もしも夫婦仲が悪くなったら夫に息子をとられるのでは？」と、見方によっては怖いことです。

でも、だからこそ、私は夫のことを信頼しているという一つの意思表示として、夫にこの二つの権利を託しました。この選択は、私たちにとって婚姻届けよりも重要な意味を持つのです。

公正証書を作るうえで知ったこと

母が作ってくれた公正証書案を見ていくと、驚くことがありました。

「甲及び乙は、法的離婚により互いに相手方の親族との姻族関係は終了したので、相手方の親族に対する当然の扶養義務は存しない」

これを見た瞬間、恥ずかしながら私も夫も法律婚には相手方の親族に対する扶養義務が存在することを初めて知りました。母に確認すると、「原則は血族だけを扶養することになってるんだけど、特別な事情がある場合は家庭裁判所が姻族に扶養するように命じる場合があるのよ。でも、これを知らない人いっぱいいるからね。家制度の名残なのか、法律婚は良く知ってからじゃないと怖いよ〜（笑）」と返事が返ってきました。

そこで私が「でも変な話し、お母さんはその扶養義務を問題だと思ってわざわざ気を利かせてここに記載してくれたわけだけど、お母さんにとっては私たち娘がもしものとき、自分の老後の都合、悪くない？」。

すると母は笑いながら「子どもの結婚に親が自分の介護だの都合を考えるようではダメでしょ？ それこそ私は〝お嫁さんにやる〟のも〝お婿さんをもらう〟のも嫌いだよ。それに、もしお互いにそういう必要が生じたら、あんたたちは義務でなく、ちゃんとお互い相談して、自らの意志でやるかやらないか決めるだろうから、わざわざここに書いておいてみたの。気に入ったらこの文言も採用してネ」と言いました。

義務ではなく、自分たちの生き方を大切にしながら夫婦や家庭の在り方を考え作り出す公正証書に、お互い「自由」を感じました。

税金対策といわれないために

公正証書を作り離婚する準備ができると、一つ心配なことができました。そこで夫に相談したのです。

「これからペーパー離婚して事実婚になったら、税金対策とかって言われないかな？」

「税金対策？　なんでですか？」

「だって、法的にはあなたシングルファザーになるわけでしょ？　よく知らないけど、税金とか、子どもの保育料とか、変わってくるのかなと思って。ほら、たまに税金対策のためにペーパー離婚する人もいるって聞くし。そういうことが世間では実際にあるということを考えると、あくまでも私たちは夫婦別姓のためのペーパー離婚なのに、税金対策と噂されたら損だし、そもそもそういう誤解を生むだけでも職業柄アカンと思うねん」

「確かにそうですね」

「もちろん、人様に我が家の収入をはっきり知られることはないだろうけど、やっぱり毎日どこかで仕事してたり、本を何冊も書いたりしてたら、他人であれ、あそこの家はこれくらいの収入はあるだろうと予測しようと思えば予測できるよね。だからこそ気をつけなあかんねん」

「なにに気をつけるんですか?」

「例えば我が家では、所得との兼ね合いで市から支給されるはずの子育て手当の支給額が減額になってるよね? 他にも、市内の子どもの医療費は基本的に助成されることになってるけど、これも所得との兼ね合いでうちは助成対象外になってるから、息子が病院へ行ったら医療費を払ってる。ところが、これらのことが実際はひとり親家庭ではないのに書類上だけでもひとり親家庭ということになると、ズルできてしまうねん」

「ズル?」

「だって、離婚してあなたが戸籍上のひとり親になると、子育て手当がもし世帯でなく戸籍での計算だとしたら、所得はあなた一人分になるから、結果、子育て手当は満額貰える、息子の医療費は免除、となってくるでしょ? こうやって、お金の面だけでも相当違うから、目ざとい人はお金のためのペーパー離婚だとツッコんでくる可能性もあると思うねん」

「うーん、確かにそう思われるのはシャクですね。では、どうしたら良いのでしょう？」

そこで、お世話になっている税理士さんに相談することにしました。世間様に誤解を与えないためにはどうしたら良いのか？　すると税理士さんは、税金や子育て手当て、また息子の幼稚園の月謝に関わる「一号認定」「二号認定」などは戸籍上の家族関係ではなく、世帯での収入や保護者の働き方による保育の必要性での判断になると教えてくださいました。

「なので、ここは団姫さんが世帯主となって、大治朗さんと息子さんと世帯を一つにするのが良いでしょう。世帯が一緒であれば金銭面ではなにも優遇されなくなるので法律婚の夫婦とお金事情は一緒です。誤解されたり後ろ指を指されることはありません。正々堂々とできますよ」といわれました。

確かに、世帯を一緒にするのに戸籍は関係ありませんし、私が世帯主となって夫と息子と世帯を一つにするのであれば、もしなにかの機会に家族である証明を求められても保険証を提示すれば良いので便利でもあります。そこで、もともと私が世帯主ではありましたが、あらためて離婚後も世帯をひとつにして私が世帯主となることに決まりました。

そしてこれはのちに分かったことですが、息子が幼稚園へあがると、役所が判断する「一号認定」「二号認定」なるものが他の保護者にもあからさまに分かることが判明しました。

基本的には共働きであれば二号認定になり、長時間の保育が可能となるため私たちにとってはニ号認定のほうが都合は良いのですが、両親が共働きであっても自営業である場合、家庭での保育が可能とみなされ、一号認定となる場合が少なくないのです。自営業の人も家で仕事をしているため実際には子どもの世話ができないわけですが、今の行政はまだまだそのようなおかしな判断をしています。

そこでもれなく我が家も一号認定とされましたが、ズルをしようと思えば、この離婚を機に世帯を分けるだけで自営業夫婦の我々でも二号認定を貰えるのです。そうすれば育児はだいぶ楽になりますので喉から手が出るほど二号認定が欲しいところでしたが、もしそのようにズルをしたら、「あの家庭は両親ともに自営業だしそれなりの収入もあるだろうから一号認定のはずなのに、二号認定で母親の苗字が違うところをみると、二号認定目的のペーパー離婚か」と思われても仕方のない状況になってしまいます。やはり、一号認定であることはつらいものの、税理士さんのいうとおり世帯を同じにして今までどおりの税金を真っ当に支払い、尚且つ役所の判断である一号認定を受け入れることを選択して良かったと思いました。

「公正証書」に「税金対策といわれないための対策」、「二号認定目的ではない意思表示」――私たちは徹底して「夫婦別姓のためだけの離婚」を下ごしらえしていったのです。

そしていよいよ、その日を迎えることができました。

円満離婚と事実婚

窓口担当者の疑問

二〇一七年三月一六日、私たちは朝一番で尼崎市市役所に立ちました。六年前よりも、より大きな覚悟を携えています。

早速、家族三人で離婚届を提出すると、窓口担当者の方が目を丸くされました。

「え……離婚、ですか？」

「はい！　離婚です！　……なにか？」

「いえ、なんでもありません。で、では、書類を確認させていただきますね。しばらくお待ちください」

んん？　今の時代、離婚なんて珍しくもないのになんなんやろ？　と思いながら、書類の確認を待ちました。そして手続きを順調に進めていくうちに、担当者の方へ離婚理由を簡潔にお話しすると、「あっ！　そういうことだったんですね！」と、笑顔になられました。

「すみません、実は先ほどから『こんな明るい顔で離婚届を出しに来る夫婦なんて初めて！　どういうこと!?』と不思議に思っていたんです！　そういうことでしたら、納得いきました（笑）」

私たちは、このあたたかな反応が正直意外でした。なぜなら、まだまだ誤解や偏見の多い事実婚ですから、役所の人からはちょっと嫌な顔をされるかもしれないぐらいに思っていたのです。それでもわざわざ「夫婦別姓のため」と窓口で言ったのは、世の中には夫婦同姓に疑問を抱いている人がいる、そして、それは市民の中にも実際にいるということを知ってほしいという気持ちだったのです。

そしてこのあたたかな反応を受けて、「なるほど、これは尼崎市役所だからかもしれない」とも思いました。なぜなら尼崎市には、あの「稲村和美」氏がいるからです。

事実婚を実践する街のリーダー

尼崎市長である稲村和美氏は、快活な喋りと行動力で、近年、尼崎をどんな人にも住みやすく、また子育てもしやすい「ダイバーシティ」へ成長させ続けている街のリーダーです。

稲村氏は三十八歳で全国最年少女性市長として当選後、子どもを保育園へ預けてからママチャリで市役所へ登庁する「ママチャリ市長」として注目を集めました。

しかし、本当に注目すべきは市長がママチャリに乗っていることではなく、その子育てや家庭に対する考え方です。そう、実は稲村氏は事実婚の実践者なのです。

私ははじめてこのことを知ったとき、事実婚で家庭を持つうえでいったいどのような工夫をされているのか大変気になりました。そこで、イベントで共演させていただいた際に色々とお尋ねしたのです。

稲村氏は神戸大学法学部卒で、所属していたゼミは法社会学。そんな稲村氏は、姓の問題にも関心があり、自然と事実婚という選択を考えていたそうです。しかし、出会ったパートナーは特に前衛的な思想の持ち主というわけではなかったので、そこで活用したのが「胎児認知」というシステムでした。

これはどういうことかというと、まずは妊娠中、父親が子の胎児認知をしておきます。すると、生まれてきた赤ちゃんの出生届には父親の名前が記載されます。稲村氏は、自分は実際に子どもを出産し、子どもとのつながりは明確になっているので、子どもの姓は父親の姓にと考えていました。そこで出産後に家庭裁判所へ出生届に記載されている父親の名前をその証明として戸籍の変更を申し立て、母親の戸籍に入っていた子を父親側の戸籍にうつしたのです。こうして、事実婚であっても夫婦や親子の繋がりは法律や戸籍によっても証明されることになりました。

少し手間がかかる作業ではありますが、稲村氏はこのような方法で自身の姓やアイデンティティを守りながら、パートナーとの自然な歩み寄りで、法的にも「二人の子」と認められる子を出産したのです。日常生活では、夫と家事育児を分担しているという稲村氏。基本的に朝の弁当作りなどの家事は稲村氏が、子どもの面倒は主に夫がみているそうです。夫婦そろってバリバリ働き、しっかりと家事も育児もする。私はこのような夫婦のカタチを実践する稲村氏は、多様性を認め合い、そして活かしあう、「ダイバーシティ」のリーダーにピッタリだと思います。

離婚完了

このような市長を持つ街ですから、市の職員さんたちも事実婚に対する偏見や抵抗が少ないのかもしれません。窓口担当の方のあたたかな笑顔から「離婚完了」を告げられると、私は夫と握手を交わしました。

無事離婚が成立すると、今度は国民健康保険のカード変更へ。久しぶりに見る「鳴海ハトル」の保険証を見て、実感が湧いてきました。しかし、ニタニタしている場合ではありません。なにせ、この日はハードスケジュールです。

市役所での離婚届や一連の作業が終わると、私たちは予定どおりタクシーに乗り込みました。目指すは警察署。次は免許証の変更です。ここでは、私が免許証を変更している間に夫が息子にお昼ごはんを食べさせるダンドリ。免許証に関しては裏面の変更欄に鳴海ハトルと書かれただけで表面はすぐに変えられませんでしたが、次の免許更新までは辛抱し・・・・てあげようと思えました。離婚した私の心には、すでに余裕が生まれていたのです。

そして、いよいよやってきたのが公証役場です。あらかじめ予約をしておいたためスムーズに事は運び、予定どおり午前中に離婚、午後に事実婚証明書を公証役場に提出することができました。私たちの新しい一歩がはじまったのです。

夕方。帰宅すると私たちはいつものように家族で近所のスーパー銭湯へと向かいました。

姓が違っても、夫婦であることは変わらない。

そして、親子であることも変わらない。

家族三人、手を繋いで歩く夕焼けに、いつもと変わらない笑顔があふれていました。

虫垂炎

結婚したときと同様、事実婚となった実感はすぐには湧いてきませんでした。もちろん、スッキリ感は相当のものでしたが、翌日から寄席の出番、神奈川でデートDV防止イベントへの参加などスケジュールが詰まっていたため、私はまたいつものように「露の団姫」だったのです。

しかし、離婚して三日目のこと。その日は春のお彼岸の中日で、お彼岸落語会を二件掛け持ちする予定でした。ところが、朝起きるとあきらかにおかしな腹痛があるのです。薬を飲んでも良くなりません。

「虫垂炎かもしれない」――救急病院へ行くと、やはり虫垂炎でした。即・手術、入院。そして全身麻酔から目覚めると、ぼやける世界の中で看護師さんの声がしたのです。

「鳴海さーん、気分どうですかー?」

「へ?」

「鳴海さん、手術終わりましたよ」


虫垂炎になった、手術をした、仕事を休んでしまった……なのに、「鳴海」と呼ばれることが嬉しくて仕方がなく、事実婚に至るまでの長い長い戦いを終えた安心感がどっと押し寄せてきました。

自分を取り戻した私は、そこが病院であることを忘れるほど、何度も呼ばれる「鳴海」にゆったりとした心地良さを覚えたのです。

改姓ののちの、改名

気持ちの変化

事実婚がスタートすると、今までどおりのなにも変わらない有り難い暮らしの中に、ひとつ、日増しに感じる変化がありました。そこで夫に聞いてみたのです。

「ねえねえ、笑わんと聞いてね？」

「はい」

「私、あなたのこと好きやん」

「はい」

「あなたも、私のこと好きやん」

「はい」

「けど、ペーパー離婚して別姓にしてから、今まで以上に仲良しになった気がするのは私だけ？」

「いえ、それは僕もです」

「やっぱり？　なんでやろ？」

「うーん……僕が思うには、今まであれば、喧嘩したときに『もう離婚や！』となっても、結局は良くも悪くも婚姻届けが抑止力になっていたので、本当に別れることを考えたり口に出すことに甘えがあったと思うんですよね。

ところが今はいくら公正証書を出していても、僕たちが終わりにしようと決めてしまえば、すんなり終われる関係です。だからこそ、今までよりさらに本気でお互いのことを考えているのではないでしょうか。それが僕たちの場合は有り難いことに、好きだという気持ちをよりクリアにしてくれているような気がします」

これを聞いて、「そうか、私たちは婚姻届けを卒業したのだな」と思いました。

思えば、私たちは物心ついたときから婚姻届けを提出することが愛の証しであり誓いであると錯覚してきたフシがありました。しかし、よく考えたら婚姻届けはただの「届け」に過ぎず、「証し」ではありません。

なにより、私たちにとって現行の婚姻制度は夫婦同姓が絶対条件とされる自身のアイデンティティを揺るがすものです。そのような苦を生む婚姻届に愛を誓う必要など、私たちの場合ははじめからなかったのだと思いました。

八年前の結婚式でそれぞれの神さま仏さまに愛を誓った私たち。信仰に生きる者にとって、これ以上の誓いはありません。

「夫婦」と名乗る不安

その後、不便なことは特にありませんでしたが、不安なことはありました。事実婚となったあとも変わらず夫婦でテレビやラジオ、講演会などに出演していたのですが、ふと、「夫婦」と名乗ることに問題はないのかと考えたのです。

というのも、世の中にはまだまだ「事実婚は同棲の延長にあるだらしない男女の関係であり、決して夫婦ではない」という偏見を持っている人が少なからずいます。もしそのような人たちに事実婚であることを知られたら面倒なことになるのではないかと心配になったのでした。

なにが面倒かというと、例えば行政関係のお仕事です。現在、全国の市町村が主催の男女共同参画講演へ夫婦で呼ばれることが多いのですが、出演料振り込みの関係でマイナンバーを主催者側へ提出するため、当然、主催者は私と夫が事実婚であることはすぐに分かります。そうすると、もし事実婚で夫婦と名乗ることにイチャモンをつけるお客さんがあった場合、主催者である行政機関が「主催者は二人が事実婚と知りながら夫婦と偽って講演に呼んだ」などと言われるようなことがあっては、非常に迷惑がかかると思ったのです。

そこで、恐る恐る弁護士さんにお尋ねしてみますと、事実婚で夫婦と言うことはなんの問題もないと教えていただきました。反対に注意が必要なのは「配偶者」で、これは「法的な婚姻関係」でないと使えない言葉なので、自らお互いを「配偶者」と表現しなければ、基本的に文句を言われる筋合いはないということでした。

このアドバイスの直後、とある公演チラシのプロフィール案に「配偶者は豊来家大治朗」と書かれていたことがありました。自分では全く使っていない言葉ですが、念には念を。急いで訂正をしてもらいました。

いかがでしょうか。このように書いていくと、事実婚で生きることはあれやこれやと面倒なことばかりで、正直、諦めて、我慢して、夫婦同姓で暮らすほうが楽な気もしてきます。しかし、どれもこれも選択的夫婦別姓さえ可能になればなんら問題のないことです。

せっかく「感じ」、「考え」、「意志を持ち」、「行動する力」を持つ「人間」として生まれてきたわけですから、諦めるという選択はしたくありません。

私たちは試行錯誤をしながら自らの生き方を確認し、今後も挑み続けます。

上には上がいる!

それにしても世の中とは面白いもので、上には上がいるものです。私たちは事実婚になってから様々な事実婚実践者と出会う機会がありましたが、そのような先輩方と出会うたびに、まだまだ自分たちは序の口であると感じ、また励まされてきました。

「実は……」と、ひとたびこちらが事実婚であることを切り出せば、横綱級は身近なところにゴロゴロいたのです。

なかでも、キリスト新聞社代表取締役・松谷信司氏には恐れ入りました。

松谷氏は自身もクリスチャンでありながら、いえ、クリスチャンであるからこそ、キリスト教業界で起こっている問題に目を背けず、批判を浴びても確固たる自信と信念で問題提起を続けてきました。また、ＳＮＳでは若者用語を駆使しながら若者へ信仰をアプローチする、とてもユニークな方です。

さて、そんな松谷氏とお話しをしているといつも底知れぬ力が湧いてくるものですが、あるとき、松谷氏も事実婚実践者であることを知りました。

聞けば松谷氏、もともと夫婦ともに夫婦別姓希望者ではありましたが、やはりはじめは泣く泣く法律婚をして、妻が夫の姓になったそうです。ところがこの気持ちは私も痛いほどよく分かるのですが、第一子を出産前に妻が夫の姓であることに耐え切れず、「本来の姓で産みたい」と言ったことをきっかけに、出産直前にペーパー離婚。妻は妻の本来の姓名で出産をしました。ただ、子の姓はいわゆる「離婚後三百日規定」（原則として、離婚時の氏を名乗らないといけないことになっている。変更も可能ではあるが手続きがややこしい）により夫姓となりました。

その後しばらく事実婚を続けていましたが、数年後、自宅ローンを組むためにペーパー再婚。その後ローンを組めた段階で再びペーパー離婚し、事実婚へ。第二子は妻の姓を持つ子となり、現在では家族四人で夫姓が二人、妻姓が二人となっています。もちろん、言うまでもなくお互いを尊重しながら暮らしている夫婦ですから、とても円満な家庭です。

松谷氏によると、出産するたびに法律上の結婚離婚を繰り返し、夫婦の姓、子の姓を考え守る事実婚夫婦は知られていないだけで多くいるということでした。

日本中にいる夫婦同姓問題のために事実婚を選択している夫婦。その夫婦たちの歓喜の声を聞ける日はいつくるのでしょうか？

でも、それは決して遠い未来ではないことを信じています。

そして、遠い未来にはさせません。

鳴海ハトルから鳴海春香へ

さて、これまで名前についての思い入れをお話しさせていただきましたが、実は昨年、本名「鳴海ハトル」であった私は、戸籍上の名前を「鳴海春香（なるみ・しゅんこう）」に改名しました。

というのも、実は天台宗では僧侶になると戸籍上の名前も仏弟子としての名前である法名に改名しなければいけません。本来でしたら修行後すぐに裁判所へ変更の申し立てをすべきものですが、私は姓の問題が片付いていなかったため得度から七年も放置してしまい、やっと昨年五月に改名手続きをしたのでした。

しかし不思議なもので、鳴海を離れ井村になった時期はとてつもないストレスを感じた私でも、「ハトル」を法名の「春香」に変えたことは全くストレスになりませんでした。むしろ、これでより幅広く布教活動ができる！と、ヤル気が漲ってきたのです。

おそらくこれは同じ「名前」の問題でも、芸道や仏道は自らが選び取った道であり、また誰かに強制的に「合わせさせられるもの」ではないからだと思います。

芸道や仏道の師弟関係はタテの結びつきですが、夫婦関係は対等です。この決定的な違いが、私の場合は新しい名前を与えられることの喜びと、名前を変えなければいけない苦しみの差だと分かりました。

今、私は師匠から与えられた「露の団姫」という芸名と、自身のルーツである「鳴海」、そして、仏弟子である「春香」という名を持ち、やっと地に足をつけることができました。

「名前」――それは自分が自分らしく生きるために、とても大切な宝物です。

教えて！　津久井先生　〜弁護士・津久井進先生による法律マメ知識〜

② 「入籍」「婿養子」は間違いってホント？

「最近、婚姻届けを提出したことを〝入籍〟と言う人が多いですが、実はあれ、間違いなのです」

「ええ！　そうなんですか？」

「はい。〝入籍〟とは、すでに存在している戸籍に誰かが入ることです。たとえば、夫婦に子が生まれ、その夫婦の戸籍に子が入る場合が典型的な入籍です。婚姻届けを出すと二人で新しい戸籍を創ることになるので、これは入籍ではありません。あえて言うなら〝創籍〟です」

「なるほど！　〝創籍〟ですか！　私の場合は〝僧籍〟ですが……！」

「そうですね（笑）。おそらくこの間違いは、結婚して女性が〝嫁〟に〝行く〟とか、相手の〝家〟へ〝嫁ぐ〟という古〜い考え方から、相手の戸籍へ入るイメージが根っこにあるのだと思います」

「うわー！　出ましたね、〝嫁〟。私この言葉が嫌いなんです。だって、〝女〟に〝家〟と書いて〝嫁〟ですよ？　〝女〟に〝古い〟と書いて〝姑〟も嫌ですが（笑）」

「そうですよね。ちなみにその〝嫁〟も、本来は〝自身の息子の妻〟を表す言葉ですから、男性が配偶者を嫁というのも間違いなのです」

「私、妻を偉そうにヨメと呼ぶ人を見ると、空気ヨメ！と思ってしまいます！」

「うまい！（笑）そうそう、男性側の〝婿養子〟も誤解されがちです。法律婚で女性側の姓となった男性を〝婿養子〟と思っている人が多いですが、婿養子とは〝妻の両親と養子縁組する〟ことなので、姓と養子は関係ありません。本当に夫が婿養子となった場合は、妻と夫は戸籍上できょうだいになります」

「女性側の姓にする男性が少ないので、こういう間違いが起こるのでしょうね」

「その通りです。このように、入籍や婿養子などの法律用語が間違って使われている原因の一つには、やはり家制度の名残があるのだと思います。ちなみに団姫さんはよく講演などで〝主人〟も間違った日本語だと言われていますが、これはどういうことなのですか？」

「はい。夫が〝主人〟だと、妻は〝従属〟するものになってしまうので〝主人〟は間違いなのです。夫婦は主従関係ではなく、本来、対等なものですからネ♪　なので、〝妻〟に対して〝夫〟、または〝パートナー〟という呼び方が望ましいのです！」

「そうでしたか！　じゃあ、私は今日から〝主人〟のことを、畏れ多くも〝妻〟と呼ばせていただきます」

「んな、あほな！」

第3章　夫婦として親子として——共に生きる

「主婦」か「主夫」か

我が家の朝

トントントン……我が家の朝は味噌汁の具材を切る音からはじまります。私はというと、そのリズミカルな包丁の音を聞きながら仏間で朝のお勤め。しばらくすると幼稚園に通う息子が起きてきて味噌汁を作る夫に牛乳をせがみます。

夫の豊来家大治朗と結婚したのは今から八年前。互いに新居へ引っ越してきたとき、夫はミシンに裁縫道具、アイロン、圧力鍋を持ってきました。得意料理は煮物で、私は夫の炊いた大根を食べるとこの上なく幸せな気持ちになります。日常の些細なことで夫に腹を立てることもありますが、夫の料理を食べると小さなイライラはどこかへいってしまいます。これが世にいう「胃袋をつかまれる」ということでしょうか。

ここでは、ちょっとだけ我が家の家事育児の分担をのぞいてみていただきたいと思います。

主婦じゃない

結婚前、よく講演会などで「女流落語家の、露の団姫さんです」と司会者から勝手に紹介されることがあり、私はいつもそれを不快に思っていました。理由はだいたいお分かりいただけるかと思いますが、私の肩書は「落語家」であり、「女流落語家」ではないからです。そしてこれが結婚すると、「落語家であり、主婦でもあり……」と付け加える人があらわれ、子どもが生まれると「落語家であり、主婦であり、アマであり、ママでもある……」と、「アマ」と「ママ」をかけて「うまいこと言ってる」つもりで私のことを紹介する司会者が増えたため、事務所から、こちらから提出しているプロフィール以外は勝手に紹介しないよう頼んでもらうようになりました。すると中には、なぜ「主婦」や「母」だと紹介してはいけないのか？　と、わざわざ聞いてこられる方もありました。

　まず、私は「主婦」ではありません。「主婦」とは「家事をきりもりする人」を指す言葉ですが、夫と家事を分担しているのに、結婚しただけで勝手に「主婦」と名付けられるなんて、日本は不思議な国だなと思います。その根深さは不思議の国のアリスも裸足で逃げるレベルではないでしょうか。このような背景には「家事は女性がするもの」という性別での役割意識があることは明白です。正直、私ほど家事をしていない人間を「女性」で「結婚している」だけで「主婦」と呼ぶのは、本当に家事をしっかりやっていらっしゃる「主婦」の方に失礼だと感じてきました。

また、勝手に「母」と紹介されるのも困ったものでした。なぜなら、お客様にご覧いただく「落語」と、私生活で「母である」ことは関係ないうえに、頭のカタイ人だと落語の直前に「一児の母」と紹介をされるだけで、私を「落語家・露の団姫」ではなく「ママさん落語家」としか見られなくなり、〝ママさん落語家〟が〝母子の物語〟でもしてくれるのかと勝手に期待されたりして（そんなネタは持ち合わせていませんが……）、結果、余計な事前情報のせいで落語をしにくくなるのでした。

もちろん、落語のネタや講演内容によっては、自ら結婚や育児の話を取捨選択しながらお話しすることもありますが、司会者が勝手に紹介するのと、自分自身でお客様に楽しんでいただくために提供する情報では、意味もウケもまるで違います。テレビなどでもなぜか男性は仕事の肩書しか紹介されないのに、女性は「一児の母」などと紹介されるのを見るたび、「それは肩書じゃないでしょ」とツッコんできました。なので、高座での私は、主婦でもなければ一児の母でもないのです。

料理が苦手

それにしても、私の家事の出来なさは筋金入りです。特に料理の腕前はひどく、以前は私が台所に立つだけで息子が不安そうな顔をしていました。とにかく味付けが苦手なのです。もちろん、苦手だからといって家事をしないのはただの言い訳ですから、料理は夫が中心ですが、掃除や洗濯などはだいたい私の担当です。我が家の場合はその日のお互いのスケジュールによって、できる人間ができることをやる、というスタンスで家事をしています。それでもたまに夫が忙しいときは私も料理をするのですが……先日、思いがけないことが起こりました。

ある晩、家族で食事をしていると、息子が言ったのです。「お母さんて、料理上手やね！」――私と夫は固まりました。そんなわけないやん！と。まさか息子、気を遣ってそんなことを言っているのでしょうか？　それとも、どこかで「母親の料理に勝るものなし」といった神話でも刷り込まれてきたのでしょうか？　とにかく、私の料理が美味しいはずがありません。

すると息子が続けました。「だって、お母さんがこの間、作ってくれたスパゲッティは、めっちゃ美味しかったで！」。

息子よ、申し訳ない‼　その唯一美味しかったスパゲッティは……レトルトです（涙）。


主婦がいないなら、主夫？

……というわけで、たとえ料理が上手かったとしても（いつかそんな日が来るのでしょうか）、私は決して「主婦」ではないのですが、すると、「じゃあ、旦那さんが主夫なんですね⁉」という人があります。しかし、それも違います。

夫は夫で私と家事を分担しているだけですが、困ったことにこの国では「男は仕事」「女は家庭」という意識がまだまだ当たり前の顔をして幅を利かせているため、夫は太神楽曲芸師として仕事もあり、きちんとした収入もあるのに、「家事・育児をしてる」という情報だけで、勝手に「専業主夫」と決め付ける人がでてくるのです。

いえ、決めつけられるだけならまだ良いのですが、この決めつけが「実害」に及びそうになったことがありました。あるとき、私のブログなどで夫が家事をよくしているのを知っているイベント主催者が夫に出演依頼をしてきました。そしてギャラ交渉に入ると、夫は自分のキャリアに見合った、決して高くはない適正なギャラをいつもどおり提示しました。すると、この依頼主はギャラを値切りたかっただけなのでしょうが、こんなことを言ったのです。

「君は主夫やから、芸人はパートみたいなもんやろ？　せやのになんでそんなに高いギャラ払わなあかんの？」――これほど失礼なことはないと、すぐにこの仕事は断りました。

この発言は、きちんと師匠のもとで修業を積んだ者に対しても失礼ですし、なにより世の中で「パート」として働いている方々にも失礼です。どんな業界もパート従業員によって支えられているのに、「パート」も「主婦」も「芸人」も軽視しているような発言でした。

また、このような悪意はなくても、やはり「男性」「家事」という条件が揃うと「主夫」につながる人は多いようです。以前、学校寄席のため、とある小学校で夫とそれぞれ芸を披露したあと、家事育児の分担について生徒さんに話したところ、後日送られてきたアンケートにこんなことが書かれていました。

「だいじろう師匠、先日は、お忙しい家事の合間に芸をしにきてくれてありがとうございました！」

これには思わずズッコケ！　でも、小学生でもすでにこのような思い込みが出来ているのが恐ろしいことだなと感じました。

家事をすること、育児をすることは職業ではなく、生活の一部です。男女関係なく、職業関係なく「やって当たり前」という感覚にならないと、なかなか「主婦」や「主夫」に対する考え方が変わらないかもしれません。

育児

では、育児はどうでしょうか？　夫は「家事」をして「主夫」とみなされるよりも、「育児」をするうえで感じる弊害のほうが多いといいます。

例えば、息子が「公園デビュー」をした四年前の月曜日。近所のお母さん方が息子と、息子を遊ばせる夫を微笑みながらみていたそうです。

翌日、火曜日。「公園」というワンダーランドを知ってしまった息子は、今日も公園へ行きたがっています。そこで、夫と息子はまた「公園」へ、私は私で「公演」へ……あ、失礼しました。こういうの、職業病っていうんですネ（笑）。とにかく、出かけて行ったのです。

帰宅後、「今日は公園どやった？」と夫に聞くと、「はい、息子は大満足で明日も行きたいようですが、僕は微妙です」。「なにが微妙なん？」「昨日、微笑みながら僕らを見ていたママ友集団が、今日は僕を見て顔が少しひきつっているんです」。……もしや？――その勘は当たっていました。

水曜日、また公園へと出かけた夫と息子。帰宅すると夫が言いました。「団姫さん、やっぱりです。ママ友集団がコソコソ喋っているのが聞こえました。『あの人、働いてないんちゃう？』って……多分、初日は仕事が休みのパパと思われていたと思うんですが、三日連続となると男性はすぐに〝無職認定〟です。僕の場合、公演が夜だったり、土日祝日なだけなのに……」。しかし、世間はそんな芸人の実態など知る由もありません。夫の言うとおり、無職認定されているであろうことは明らかでした。

男性が平日の昼間に公園にいると無職だと思われる、「男なのに仕事をしていない」というだけで厳しい視線で見られる。確かにあることです。しかし本当は、男性が職業を持たず「専業主夫」をすることもアリなはずなのに、世の中にはびこっている「男は仕事をして当たり前」という意識は男性を生きにくくしています。

続いては、「男性」が「仕事」と結び付けられることによって起きる危険について考えてみましょう。実はそれは、男性の「命」にも関わることなのです……。

「ワークライフバランス」の見直しを

女性はスゴイ！……ことはない！

昨年から、夫婦での講演で「男性のワークライフバランス」というテーマをいただく機会が増えました。

一番最初にこのテーマを与えられたとき、夫に「どんなことを話す？」と相談すると、「女性が活躍する社会になるためには、男性が変わろう！　みたいなことを話すのはどうですか？」と返ってきました。

今、「女性活躍」を叫んでいる社会の声は表面上のものであって、女性の生き方を根本的に応援しているものではありません。むしろ、女性だけに頑張れといっているようで、これでは女性の負担が増すばかりだとひしひしと感じてきました。

というのも、日ごろ男女共同参画の活動をしていても「男女共同参画って女の人がやる活動でしょ？」と思っている男性に非常に多く出会います。こういう男性と話しを続けてみると、その頭の中にはトンデモない神話が作られていて、その神話をもとに「いやー、本当に女性ってすごいですよねー」と言いながら頭をポリポリとかく仕草をします。

そこで、なにがすごいのかと問うと、「だって、女の人って、家事もして、育児もして、介護もして、仕事もして、それでもオシャレとか身の回りのこともちゃんとして、すごいなー、えらいなーって思うんですよね」とのこと。

でも、ちょっと待って！ ある意味、その発想のほうが「すごい」ですから……。だってこれ、「すごい」「えらい」という言葉を巧みに操り、都合よく家事や育児、それどころか介護までも女性に押し付けているだけなのです。このような言葉で女性に対し暗に行動を要求したり、コントロールしながら、そのうえ仕事もこなせというのですから、本当にどこの国の神話ですかとたずねたくなります。あ、残念ながら日本の神話なんですね（涙）。

しかし、こういう方にこそちゃんと漢字を見ていただきたいものです。だって、「男女共同参画」は、「男女」と、ちゃんと男性もこの事業を推進するひとりであることを示しています。だからこそ「女性の活動」と切り捨てず、きちんと向き合って欲しいのです。

こうして、講演内容についての検討をはじめましたが、その内容を考えていくうちに、様々な面から男性のワークライフバランスの見直しの必要性が見えてきました。

イクメンクイズ

ではここで、昨年七月に行った男女共同参画講演の様子をご覧ください。

まずは私が簡単にご挨拶をすると、夫は自身のことを「炊事・洗濯・家事・オヤジ、豊来家大治朗です！」と自己紹介しました（ちょっとスベってました）。そして講演の中盤に差し掛かると、夫はお客様にクイズを出題したのです。

「では問題です。私（夫）のように、育児をする男性をなんと呼ぶでしょうか？」

前から三列目のお客様がサッと手を挙げました。

「イクメン！」

しかし、実はこれは不正解でした。すると他のお客様が、「ほな、主夫？」、「……イクジイ！」など色々な意見を出してみますが、どれも不正解です。なかなか答えが出ませんでした。そこで、正解発表です。

「私のように育児をする男性、正解は、〝父親〟です」

会場が一瞬どよめきました。が、しばらくすると、「ああ」「そうか」「そういうことね」と勘の良いお客様から順に笑顔になっていきました。そして、出題者である夫が続けました。

「育児をする女性を、母親と呼びます。それなら、育児をする男性は、父親です。〝イクメン〟とは男性が育児をしない前提で作られた言葉です。だから私はイクメンという言葉が世の中からなくなるぐらい、男性が当たり前に育児をする世の中になることを祈っています。そのためにも、まずは自分から率先して育児をします」

その後は、妊娠、出産、授乳以外は男女関係なくできるという話しをして講演は無事終了。お客様との意見交換では「男性は仕事さえやっていれば家のことをやらなくても怒られない、という風潮があったのも問題では」という話しも出て、「確かに、うちの夫は暇そうにしていると家事を押し付けられるからと、家にまでわざわざ仕事を持ち込んでいます（笑）」という人もいました。

しかし、キッカケはどうであれ、このように本来家庭で過ごす時間にまで仕事を持ち込むようになると、実はとっても危険なサインなのです。

ワークライフバランスの見直し

近年、働く女性が増え、「自分の生き方」について考える女性が増えました。結婚をするかしないか、子どもを持つか持たないか、時短で働くか、産休はどれぐらい取るか、また取れる会社環境なのか、親の介護はどうするべきか、貯金は……これはどれも現実的なことで、人生を歩むうえでとても大切な考えるべき課題です。

もちろん、なんでも計画通りにことが運ぶわけではないので計画を立てすぎると計画通りにいかなかったときにストレスになるため考えすぎは要注意ですが、この世知辛い世の中、「無計画」に「なるようになる」だけで生きていては、ときとして自分に、家族に、仕事に「無責任」を生むこともあります。そして、傷つくのは結果、自分です。

特に出産や育児に関して、女性は妊娠・出産する可能性がある当事者であるため「ワークライフバランス」を考える機会が男性より多かったり、またその時期が早かったりします。

しかし、女性に比べ男性はどうでしょうか。仕事内容や出世について計画を練る男性にはよく出会いますが、「ワークライフバランス」となると、極端にその数は減ります。

というのも、基本的に「男は仕事」という刷り込みの中で育ってきているものですから、「男の人生」イコール「仕事」になってしまっていて、多くの男性の中で、「仕事」が当たり前の顔をして「優先順位一位」の名札をつけています。

そんなことない、仕事に支配されていない、と思う方も多いでしょうが、実際、「体調が悪いけど仕事が休めないから病院へ行けない」という人や、「仕事があるから子どもの運動会へは行けない」という人は大変多く、またそれを「仕事だから仕方がない」と納得してしまう人も少なくありません。

もちろん、仕事をして収入を得なければ生活していけませんので仕事はとても大切なものですが、日本では、あまりにも「仕事」が優先され過ぎています。それはときに命よりも尊いものとして扱われるため、過労死も後を絶ちません。命より大切な仕事などないはずなのに、見て見ぬふりをされてしまいます。

仕事がすべて、からシフトチェンジを

さて、そんな男性たちに今一度、ワークライフバランスを考え直していただくことは、男女ともに幸せになるために、とても重要なことです。

というのも、例えば、女性がバリバリ仕事をしようとすると、今まで「女性がして当たり前」とされてきた家事育児を完璧にこなすことは至難の業です。一昔前は女性の活躍は女性だけの問題と考えられてきたため、「仕事をするなら家事育児も疎かにしない」か、「家事育児が疎かになるなら仕事はあきらめろ」といった風潮でした。これは、どちらも肉体的、精神的な苦しみを生むものです。しかし、これは「家事育児」を「女性がして当たり前」という前提をやめればすむ話しなのです。

夫が家事育児を半分負担する、とか、時短で働く、とか、育休を取る、といったことで、いとも簡単に女性は「働く環境」を手に入れることができます。「でも、妻はパートで、おれは正社員だから……」というのは身勝手な話しで、どんな人にも労働する権利や仕事で輝く権利があり、それは本来、賃金の多少や生産性によって比べられて良いものではありません。だから、家事も育児もそれぞれの生き方や夢についてよく話し合ったうえで分担するべきですし、男性が「仕事10、家庭0」の生き方から、「仕事7、家庭3」と、いきなり半々でなくともシフトチェンジするだけで、女性は働きやすくなり、活躍するチャンスが増えるのです。

そして、それが社会で当たり前になってきたら、女性も「仕事か、家庭か」というおかしな選択を迫られることもなくなり、結婚も出産もしやすくなります。事実、国外では女性が活躍している国のほうが、出産率も高いようです。

このように、女性の活躍や結婚、出産率の増加のためには男性に変わっていただく必要があることはお分かりいただけたかと思います。しかし、これはあくまでも誰かのためであって、やはり一番大切なのは、自分自身です。

ここからは、男性自身の幸せ、そしてその「命」のためのお話しをさせてください。

自死

日本では、年間二万人以上の人が自死しています。その原因のひとつとして考えられているのが「うつ」ですが、ここで「うつ」と「自死」の関係について考えてみましょう。「うつ」は皆さんご存知の通り、現代人の多くがその病に悩まされています。しかし、実はこの病は旧約聖書の中にも登場しているぐらいなので、現代に限った病というわけではありません。もともと古くからある病気なのです。ちなみに、もののデータでは、うつになる男女比は、男性1：女性2といわれています。

また、「うつ」には「希死念慮」という「死にたい」思いにとらわれる症状もあるため、「うつ」と「自死」は切っても切れない関係です。もちろん、自死する方にも様々な事情があり、想いがあるため自死のすべてが「うつ」と関係しているわけではありませんが、大なり小なり関りは持っています。

そうなると、先ほどの「うつ」の男女比「1：2」がそのまま自死にも比例しそうなものですが、実は、自死の男女比は「2：1」なのです。単純計算すると、うつになり、その後、自死を選んでしまう人は女性に比べて男性は四倍ということになります。ここに、ワークライフバランスが関係しています。

仕事だけの生き方は、仕事がダメになると苦しい

日頃、お悩み相談を受け付けていると、「死にたい」という方に多く出会います。そして、男性だけにスポットをあててみると、大半の「死にたい」理由が、「仕事」です。「仕事でうまくいかない」「仕事をクビになった」「仕事先で重大なミスをおかした」「職場の人間関係で悩んでいる」……という声が聞こえてきます。そして、このような悩みを抱えている男性は「自分には仕事しかないから、もうダメだ」といいます。これはとても深刻な状況です。だからこそ、こうなる前に「仕事で行き詰らないようにする」のではなく、「仕事だけの生き方をやめる」ことをおススメしています。

そもそも、仕事がうまくいくのもいかないのも、本人の努力ではどうしようもできない部分もあります。景気であったり、様々な要因で会社が潰れてしまうこともあります。では、「仕事だけの生き方をやめる」とはどういうことでしょうか。これは簡単にいえば「自分のフィールドを増やす」ということです。

例えば、「仕事だけ」という生き方にしても「副業」を持つ人は「この仕事がダメでも自分にはこっちの仕事もできる」と前向きに働くことができますし、仕事以外にも家庭や育児、趣味、地域など、自分のフィールドがあれば、仕事に人生を支配されることなく、

常に「仕事」を「自分の人生の一部」ととらえ付き合うことができます。

そして、パートナーがそういう男性の生き方を肯定し、ともに楽しんでくれるのであれば、男性にとってこれほど力強いことはありません。仕事で行き詰ったときに、「仕事がダメ」イコール「人生終了」と思いこまなくてすみますし、苦しみが軽減されること間違いなしでしょう。

日本では、もともと副業が禁止されている会社が多かったり、○○一筋、という生き方がカッコイイという風潮もありますが、それに適している人、いない人がいるのも事実です。人生は誰かに自慢するためのものではありませんから、カッコつけずに色々やってみたら良いですし、そのほうがご縁が広がるというものです。

私自身も「落語家」兼「お坊さん」ですから、「二足の草鞋」などといわれて正直イヤなときもありますが、何年か前に落語家の先輩から「なに言うてるねん！　団姫はお坊さんであることが落語の役に立ち、落語家であることがお坊さんとしての布教活動に役立ってるんやから、〝二足のわらじ〟やなくて、〝二刀流〟やろ！」と言っていただき、とても嬉しかった思い出があります。

副業があって良い、家事も育児も趣味も楽しんだら良い、ワークライフバランスを見直すことは、男性にとっても女性にとっても、自分がより良く生きるため、幸せになるためにとても大切なことなのです。

私自身も変わった

私自身もこのような講演をするようになったことで仕事の仕方を考え直すきっかけをいただきました。よく考えると、今まであまりにも自宅にいる時間、息子と過ごす時間が少なすぎたのです。

この間も、息子と久々に近所のスーパーへ行くと、事件が起こりました。レジ係の方たちが私を見て、ひそひそ話しをしているのです。なんだろうと思っていると、レジを通る際、係の方が息子にニッコリと笑って丁寧に聞かれました。「今日は、お父さんと一緒じゃないの?」。息子はウンと答えます。その表情を確認してから、今度はまた確認するように「そっか! 今日は、お母さんと一緒なんやね!」。

……そこで気が付きました。どうやら私、普段あまりにもスーパーへ行かないので、母親として認定されていなかったようなのです! もちろん、レジの方も多分母親だろうとは思いながらも、普段父親としかスーパーに来ない子どもが帽子にマスク、メガネで挙動不審の女とやってきたので、もしかすると誘拐の可能性もゼロじゃない……と思い、念のため、息子に確認されたようでした。トホホ！

こんな珍事件もあり、息子との時間の少なさに改めて気が付かされました。そこで、今年のお正月は思い切って仕事を入れない選択をしてみたのです。

はじめは「芸人なのに正月から休むなんていいのかな」などと不安に思いました。しかし、それはあくまでも他者からの評価であって、そんなことを気にしていては自分で自分のより良い生活のバランスを生み出すことは困難です。そして実際にお正月を迎えてみて子どもと心ゆくまでノンビリしてみましたが、本当に幸せなひとときでした。息子のほうも思う存分甘えてくれて、「お母さんが家にいてくれて嬉しい！」と何度も喜びを爆発させていました。

「芸人とはこういうものだ」「僧侶とはこういうものだ」という言葉で仕事に縛られず、自分自身が後悔しない時間の使い方をこれからもしていこう、と思いました。

「あれも、これも、楽しむ」――その生き方は、様々な困難を和らげてくれるものでもあるのです。

神様

夫・豊来家大治朗はキリスト教の洗礼を受けているクリスチャンです。なぜ尼さんとクリスチャンが結婚することになったのか、詳しくは『聖♡尼さん――「クリスチャン」と「僧職女子」が結婚したら』（春秋社）をご覧いただきたいと思いますが、そんな夫が言うには、「神様も、ワークライフバランスの大切さを伝えておられる」というのです。そんなこと聖書に書いてあったっけ？とも思いましたが、確かに、ありました！

現在、私たちは「一週間」「一か月」「一年」などという時間の単位で生きていますが、実は「一週間」はキリスト教の考え方からきていて、これは、神様が六日間かけて世界を作り、一日休まれた、と聖書に説かれていることが起源といわれています。その休まれた一日が「日曜日」であり、これがキリスト教ではとても大切な日なのです。

仏教や神道文化の根強い日本では、一週間のはじまりをなんとなく「月曜日」と感じている人が多いようですが、この由縁から考えると、実際には「日曜日」がはじまりとなります。だから、海外のカレンダーなどは「日曜日はじまり」になっているものがほとんどなのですね。

神様ですら、六日働いて一日は休む――私たち人間は、神様ではありません。そして、神様のように完璧な人などいません。心も体も休めること、休む日をしっかりと設けることが、生きる上でとても大切なことだと、世界中で多くの人に愛される聖書は、最強の「ワークライフバランス」を教えてくれています。

妻と夫の良い関係

夫婦ではじめて!?　男女共同参画推進員

話がちょっと前後しますが、事実婚に切り替え、己の道をより明確にした私たちは「生き方」について発信の機会を増やすため、二〇一七年より尼崎市の男女共同参画推進員となりました。普段は講演会形式で男女共同参画を広報する機会の多い私たちでしたが、それだけではまだまだだったのです。

なにせ、講演会に来られるお客様はそもそも現代におけるジェンダーの問題や社会の仕組みに疑問を抱いたり、なんとかしたい、せねばならないと思っている方ばかりです。正直なところ、このようなお客様には良い意味ですでに講演を聞いていただく必要はないのでした。

では、どのような人に男女共同参画を知って欲しいと願っているのか。それは、「男女共同参画など自分には関係ない」と思っている人や、「男尊女卑の世の中に多少の不満はあるけれど、女は女、男は男の役割をしているほうが波風立てず生きていけるから楽だ」と残念なことに諦めてしまっている人。そして、生まれたときから「美徳」を刷り込まれ、すっかり「男性を立て、逆らわず、いつも穏やかに内助の功につとめるのが女のたしなみである」とわきまえ、酔いしれている人たちです。

でも人間、酔っている間は気持ちの良いものですが、まさか一生酔っぱらっているわけにはいきません。いい加減、現実逃避の酔いから目を覚ましてもらわねばいけない大人がたくさんいるのです。

現在、日本という国は男女格差の指標である「ジェンダーギャップ指数」が世界一四九か国中、一一〇位（もちろん、G7では最下位！）です。この国の男女格差の問題に全く疑問を抱いていない人たちへ問題提起をしていくためには、もうすでに気づいている人、考えている人、行動出来ている人ばかりが来られる講演会をただただ仕事としてこなしているだけでは、私自身、自己満足の域を出ないと考えてきました。そこで、もっと別の方向からも男女共同参画の啓発をするために、市役所の設ける推進員に手を挙げたのです。

早速、応募をしてみると、面接ののち委任状が届きました。はじめて会議へ行くと市役所の方から「夫婦で男女共同参画推進員になられたのは、尼崎ではあなたたちが初めてです」といわれました。むしろ、「夫婦でなるもの」ぐらいに思っていたので拍子抜けでしたが、なるほど、他の推進員もほとんどが女性で、やはり「男女共同参画は女性の活動」という意識がまだまだ男性の中に根強いのではないかと思いました。

夫婦で推進員になって二年、まだ思うような活動は出来ていませんが、「市役所だからできること」を少しずつ形にしつつあります。そして、はじめて出会う他の推進員のメンバーから日々刺激を受け、学び、発見をいただいています。

おにぎりのススメ

ところで、男女共同参画とは難しいことでしょうか？　どうもそのネーミングがピンとこないため馴染みませんが、これは決して難しいことではありません。とにかく、性別での役割分担をやめて、男女が互いに対等に支え合いの関係でいきましょうということです。それも、出来ることからで大丈夫です。

例えば、私たちが結婚当初からずっと続けているのが「おにぎり」です。これは、その日その日で仕事が休みのほうが、仕事へ行くほうにお昼ごはんのおにぎりをにぎるというものです。これをはじめてみて分かったのは、私のように料理の苦手な人間であっても、おにぎりなら簡単に作れるし、後片付けもいらないということでした。「男女共同参画」、「男性も家事育児を」、と言われると、男性の中にはひどく責められているような気になり逃げ出してしまいたくなる人も多いようですが、なにもいきなりたいそうな料理を作ったり、丸一日フルで子どもの世話をしなさいと言っているわけではありません。

もちろん、将来的には一人でいるときでも妻に依存することなく家事も育児もできる状態になれば一番良いのですが、まずは簡単なことから少しずつはじめれば良いのです。料理といっても私のようにおにぎり一つでもいいですし、子どもの世話もおむつ替えひとつからやってみる心がけが大切です。お互いの得意分野を活かし支え合うことが、仕事も私生活も充実する秘訣なのです。

以前、このように男女共同参画の第一歩として「おにぎりのススメ」を講演会で話したところ、尼崎市女性センター・トレピエの元所長である須田和氏がこのおにぎりに名前をつけてくださいました。え？　おにぎりに名前って？　そう、須田氏いわく、「男女がお互いに支え合いの関係で握り合うおにぎり」なので、これを「男女共同サンカクおにぎり」と言うのだそうです。う〜ん！　うまい☆

静岡県富士市での取り組み

そうそう、ここでもう一つ私たちが力を入れている活動をご紹介させてください。

これは静岡県富士市役所での取り組みなのですが、ジェンダー教育に力を入れている富士市では、なんと市内の中学校で「男女共同参画出前授業」を行っているのです。

これはなかなか画期的なことで、聞けば、中学生の頃から男女共同参画の授業をすることによって、生徒たちが性別によって職業選択の幅を狭めないようにするねらいがあるということでした。確かに、性別にとらわれず自分の特性で職業選択をする若者が増えれば、「好きこそものの上手なれ」で、確実に活躍できる人材は増えますし、行政としても市民の幸福度はもちろん、現実的には将来の税収アップも期待できるわけです。

このような素晴らしい視点と発想を持ち、さらに実行に移す富士市から私たち夫婦に出前授業の講師依頼が来たのは五年前のことでした。そこで私が考えたのが、中学生向けの男女共同参画クイズだったのです。

「男女共同参画クイズ」は○×で答えてもらうため、生徒が五十人であろうと五百人であろうと全員が参加することができます。手順は簡単。スクリーンに私たちの日常生活の画像を写し、その画像をもとにクイズを出していくのです。例えば、第一問。

「この写真は、私たち夫婦それぞれのスマホカバーです。では、ここで問題です！　赤のスマホカバーが団姫、緑のスマホカバーが大治朗である。○か×か」

そこで、○を挙げた生徒に聞きます。「なんで赤が私だと思う？」――するとたいがいの生徒は「女の人だから」と答えます。「なんで女なら赤なの？」と聞くと、「え？　……女の人だから？　あれ？　……なんでだろ」となって……そこで正解発表。正解は×で、赤は夫のスマホ、緑は私のスマホと答えます。

ここで、男女別での色のイメージは固定観念であるという話しと、性別で色を選ばず、自分の好きな色を選んでいいんだよと話します。私は緑が好き、夫は赤が好き、それで良いのです。

他にも、「このピザを作ったのはどちらでしょうか？」といった家事分担に関わるクイズや、「夫婦でお給料が多いのはどちらでしょうか？」というクイズが続きます。

ちなみにお給料クイズは私のほうが夫よりも収入が多いというのが正解ですが、ここではあえて夫に「でも、男のほうが給料少ないとプライド傷つかない？」と聞きます。すると夫が「男性のほうが女性より稼いでいないとカッコ悪いなどということは一切ありません。そもそも男女の収入格差が大きい日本だからこそそのような発想が生まれてしまいがちですが、そんな考え方は時代遅れだし、気にすることはないと思います。

それよりも、好きな仕事を出来て生活が出来ているならそれで良いし、妻のほうが自分より収入が多いのは許せないと思うのであれば、それは妻を対等に見ていない危険な関係だと思います」と答える仕組みです。

また、これは男女共同参画とは関係のないことですが、私の知り合いの元・お坊さんの写真を見せて、「このお坊さんは寺の息子として生まれ、自分も当たり前のようにお坊さんになりましたが、あるとき自分の本当になりたいものが見つかりお坊さんを辞めました。では、現在このお坊さんはどんなお仕事をしているのでしょうか？」というクイズを出すこともあります。

生徒たちは「パティシエ！」「幼稚園の先生！」はたまた「ユーチューバー！」と元気に答えていきますが、正解は「牧師さん」。ここから、親の仕事を継ぐのも良いが、継がない自由もあるという職業選択の話しをします。「人権」という言葉こそ口に出しませんが、すべての項目で、自分らしく生きていいのだ、それが幸せになるために一番大切なことなのだと笑いを交えながら丁寧に伝えていくのです。

このようなクイズ形式にすることによって、生徒たちは興味を持ってくれますし、こちらから問いかけることによって自身の固定観念に気が付くこともできます。毎度アンケートには「女だから消防士にはなれないと諦めていたけど、そんなことはない。女でも消防士になっていいんだと分かった」や、「家ではお母さんがご飯を作ってくれるから自分も結婚したら女の人にご飯を作ってもらうのが当たり前だと思っていたけど、家事も育児も分担しなければいけないと思った」といった感想が書かれており、とても手ごたえを感じています。

富士市のこの取り組みは、近い将来、必ず街を支える大きな力となることは間違いありません。

夫婦とはもともと他人

ここでは、夫婦の家事の分担やその在り方についてお話しをしてきました。明治、大正、昭和、平成が終わり、ついに令和という時代になった今でも、まだまだ日本の古い「家」

の考え方は女性を縛り付け、男性に責任を求め続けています。テレビ番組を見ていてもまだまだこの国の男尊女卑の根深さを感じますが、それでも、少しずつではありますが時代は変わってきています。

結婚したからといって、自分を押し殺す必要などありません。本来、結婚とはパートナーとより心豊かに生きることです。自分の生き方を真剣に考えることは、愛する人の生き方を大切にすることに繋がります。そして、どんな幸せにも犠牲は要りません。

女性も男性も好きな人と自由に歩める世の中になるように祈るばかり。そのためにも、まずは私自身が背筋を伸ばして夫と笑顔で歩むのです。

子を産むとは

産まないと浴びせられる暴言、産んでも浴びせられる暴言

『子どもの数、三十八年連続で減少』――こんな記事に驚かなくなったのは、いつからでしょうか。恥ずかしながら、私もまったく驚かないうちの一人です。そして驚くどころかこのような見出しを見ると、ただただ「そりゃそうだろうな」と、むしろ頷いてしまいます。

待機児童をはじめ、本来子どもの教育環境に影響を及ぼしてはいけないはずの「六人に一人の貧困問題」、そして産休や子育て休暇を取得できない現状、ブラック企業&サービス残業当たり前……という、こんな状況下で子どもを産むほうが至難の業です。

今、世の中には子どもどころか仕事に追われ、結婚すらできない人が増えています。それでも、世間様は女性に「産め」とばかり言うのですから、これは無責任としか言いようがありません。なにせ、産んだあとの社会的サポートがほとんど皆無なのですから、これ

では子どもを望む人ですらなかなか踏み切れないでしょう。

産むまでは産むことをまるで義務のようにやかましく言われ、産んだら産んだで「産んだ限りは自己責任」といわんばかりの日本社会。私も出産に関しては実に様々な葛藤や苦しみを抱えてきました。

子どもを産むかどうか

結婚が決まったとき、私は夫に子どもを望んでいるかどうかを聞きました。実際にできる、できないは兎も角として、希望を聞いてみたのです。

すると夫は「できれば子どもが欲しいです。自分が三人兄弟だったこともあって、子どもも三人という家庭を夢見てきました」と答えました。

こう聞いて、その昔は私自身も将来もし家庭を持つのであれば子どもは三人と考えていた過去を思い出しました。しかし、その望みが過去になってしまったのは、大人になって現代社会における女性の生きにくさが痛いほど分かったからです。

「三人は難しいかもしれない」と気づいた十八歳の頃。「いや、産んでも一人」と思えてきた二十歳の頃。そして正直、夫と結婚した二十四歳のときは「産みたくない」という気持ちが固まっていました。育児と仕事との両立以前に、産休を取ることすら不安であり、ストレスだったのです。

会社員ではないため休もうと思えばいくらでも休める仕事ですが、休んだら休んだだけ収入はゼロ。そしてなにより、ほとんど男性ばかりの落語界でひと時でも仕事を休んでしまえばライバルから遅れをとるのではないかと考えるだけで苦痛でした。

「自分でその仕事を選んだんでしょ」と言われればそれまでだということは分かり切っていました。だから、産みたくなかったのです。

そこで夫に「申し訳ないけど、私は産みたくない」とはっきり伝えました。その理由を夫に話すと、「じゃあ、もし気持ちが変わったらそのときは教えてください。もし団姫さんが子どもを産んでくれるのなら、僕が率先して、全力で子育てをしますから！」と言いました。

内心「ホンマかいな」と思いましたが、夫の「男女は対等である」という考え方や、それを裏付けるような日常の行動を見るうちに、少しずつ出産に対する気持ちが変わってきたのでした。この人とであれば一人で育児を抱え込まなくて良いのではないか、と。そして次第に「一人だけなら」という思いになったのです。

結婚二周年の日。夫に気持ちの変化を伝えると大喜び。「本当なら僕が産みたいぐらいですが、これぱっかりは男ではできないので、どうかどうかお願いします！」と瞳を輝かせました。本当にこの夫なら産めそうな気がしました（！）

それから五カ月後。有り難いことに妊娠が分かったのは夫とはじめて出会った大須演芸場でのお盆特別興業の最中のことでした。しかし、妊娠出産はドラマで見てきたようなそれとは違いました。決して甘くはなかったのです。

切迫流産の恐れ

妊娠が分かってしばらく経つと、ひどい悪阻におそわれ体重が七キロ減りました。顔はやつれ、体力も落ち、かすれた声に青ざめる顔。妊娠四か月、鏡にうつる体はガリガリで、本当に貧相に見えました。さらにそのあと妊娠六か月頃には切迫流産のおそれで入院。仕事もキャンセルせねばならず、体調不良のうえにストレスはたまる一方。病院のベッドの上で見る自分の出演番組はまるで他人のようでした。

それでも、産んでしまえばいつものように仕事ができると前向きな気持ちでいましたが、妊娠八か月のときにせっかくきた映画の出演依頼を断ったときは悔しい思いでいっぱいになりました。

「こうやって、出産や子育てをしているうちに私はチャンスを失っていくのではないか」――産婦人科で愛おしそうにお腹をなでる他の妊婦さんを見ると、本当に愛おしいのだろうかと疑問に思う日もありました。私自身は何の実感もわかず、ただ無事に産むことだけを「使命」のように感じていて、とても「妊娠して幸せです」「お腹の子を愛しています」と言える心境にはなれませんでした。むしろ、自身が妊娠できる性を持つことに日々嫌悪感が増すばかりで、女であることを恨み続けていました。

それでも、いざ誕生してみると不思議です。はじめて対面した我が子を見ると理由もなく涙があふれてきて、とてつもない愛おしさを感じ、その存在に感謝せずにはいられないのでした。

後日、助産師さんからは「妊娠中に胎児に愛情を持てず自分は薄情な人間ではないのかと悩む人はあなただけではないので何もおかしいことではないですよ。出産して、対面して、そこで愛情をはじめて感じる人も多いんです。それでいいんです」と言っていただき、胸をなでおろしました。そして、精神的に少し余裕がでてくると「妊娠した瞬間から母親は子を愛している」という母性神話にとらわれていたのだなと感じました。

帝王切開？　アカンやん！

それにしても、出産に関してはどうしても忘れられないことがあります。

実は私の息子は三九〇〇グラムというジャンボな赤ちゃんでした。出産の数日前の診察では頭が大きすぎて「自然分娩は難しいかも」とのこと。それでも一応チャレンジしてみたかったので、医師に自然分娩でいける可能性を聞くと「五分五分」といわれました。

うーん、五分五分ならば自然分娩で……と思ったのですが、出産当日、いくら陣痛で苦しんでも息子は出てきませんでした。破水もしていたため医師が危険と判断。結果、緊急帝王切開での出産となったのです。しかも、お腹を開けて見ると出産直前に逆子になっていたことも分かりました。

まさか、陣痛の苦しみも帝王切開の痛みもダブルで味わうことになるとは！　でも、おかげでどちらの苦しみを持つ人にも寄り添える経験を持ったと思うことにしました。

産後、しばらくしてからのことです。

仕事に復帰すると、お客様から早速声をかけられました。

「赤ちゃん、無事生まれたんやって？　おめでとう！　大変やったんちゃう？」

六十代の女性が目を輝かせています。そこで、簡単に報告しました。

「ちょうど予定日ピッタリに陣痛が来まして！　でも、こうこうこうで最終的に緊急帝王切開に切り替わったんですよ」

すると、ハッ！と鼻で笑われました。表情が先ほどとまるで違います。

「はあ？　帝王切開？　甘えたらアカンやん！」

「……え？　甘え？」

「赤ちゃんはな、陣痛で苦しんで産んでなんぼやねんで！　最近の若い人は楽して産むから愛情が足らんねん。私はな、自然分娩で三人産んだんやで！　あんたも甘えてたらあかん！」

そりゃ、私も産めるものなら自然分娩で産んでみたかったです。でも、赤ちゃんの命を守るために泣く泣くお腹を切って産んだのに、選べるものですらなかったのに、なんでこんな暴力にさらされなければいけないのだろうと得も言われぬ悲しみに襲われました。

男性に限らず、帝王切開での出産経験の無い女性のなかには、まだまだ「帝王切開は楽」と思い込んでいる人が多いようですが、体にメスを入れるリスク、また、術後の傷口の痛みなどは全く理解されていません。いいえ、理解しようとされていません。

世の中には、産めない女性、産まない女性に対する暴言があふれています。また、産んだ女性に対しても、帝王切開であることを責めたり、「一人っ子ではかわいそうだ」としつこく二人目を催促する人があふれています。

私はこのような人を〝妖怪・フタリメマダカ〟と呼んでいますが、このように産んでも産まなくても暴言を浴びせられる現状では、よっぽど子どもを望んでいる人でないと、とても産もうという気にはなれません。

産んだ人も、産めない人も、産みたくない人も、みんなが幸せになれる世の中になってほしいものです。

五年前の春、下腹部の横いっぱいに広がった一本の傷は、「甘え」という言葉でさらなる傷を与えられました。しかし、少しずつ縮んでいく一本線はだんだんと笑顔を連想させる曲線を描くようになり、私に力強さを与えてくれます。

自身が受けた傷を決して後の女性が負うことのないように――その闘志が今の私の原動力となっています。

仕事をしながら子育てをするということ

母の枠にはめられる

産後、本格的に仕事に復帰すると毎年同じ時期にいただいていた、とある仕事のご依頼電話が鳴らなくなりました。そこで主催者の男性へ確認すると、とても驚かれたのです。

「ええ⁉　来てもらえるんかいな！　赤ちゃんできたから仕事セーブするんか思うてたわ！　ゴメンゴメン、ほな、来て！」

いやいやいやいや、私、一言も「子育てのために仕事をセーブします」と言ってませんから！　先方さんには何の悪気もないのでしょうが、出産すると「落語家」「露の団姫」である以前に「母」が私の一番の仕事と決めつけられてしまう現実を目の当たりにしました。今までは「女らしく」や「妻」という枠に立ち向かってきた私でしたが、今度は知らず知らずのうちに「母」という枠に包囲されていたのです。

出産をして子育てをする間の仕事の仕方は人それぞれですが、決めつけられるのが一番困ります。「仕事との兼ね合いはどうしてるの？　手伝えること、協力できることがあればなんでも言ってね」と、仕事をセーブする人もしない人もどちらも肯定し、応援してくれる声がなによりも有り難いなと感じるようになりました。

「母親なのに子どもを置いて仕事へ行くのか」

ところで、私は普段のんびりとした心持ちでいるつもりでしたが、ある日、自分が仕事をしながら子育てをすることにとんでもないストレスを抱えていることを知りました。それまではなんのストレスもないと勘違いしていたのです。

それは東北地方でのお仕事でのこと。こちらも毎年行かせていただいている落語会で、毎度、一泊二日の行程でした。午前中に尼崎を出発、昼過ぎに会場到着、夕方に公演があり、夜は懇親会です。いつもそのまま宿泊し、翌日飛行機で帰るというパターンでした。

ところが、出産後はじめてこのお仕事へ行かせていただくと、私にわざわざご依頼くださったはずの主催者の男性が言いました。

「お母さんなのに子どもを置いて泊まりの仕事なんて、僕は理解できません」

思わず、「へ⁉」とマヌケな返事をしてしまいました。「あなたが呼ぶから私は来たんですよ？」と。凍り付く空気。これはさすがにマズイと主催者側のスタッフは思ったようで、すぐに私をかばってくれました。しかし、この男性は続けました。

「僕は母子家庭で育ちました。だから、母親はいつも仕事に行っていて家にいなかったんです。寂しかったです。だから、子どもを置いて仕事に行く団姫さんが信じられません」

とてつもなく悲しい気持ちになりました。私も小さい頃は働く母に対し寂しい思いを抱えていましたが、思春期を迎えるころには母の「気持ち」も「生き方」も「夢」も理解できるようになっていたので、まさか中年になっても「働く母」に対してこのような一方的な考え方をされる人がいるとは思いもよらなかったのです。

もちろん、この男性の詳しい家庭環境は分かりません。しかし、自分がわざわざ関西から呼んでいる仕事相手にこれだけの言葉を投げつけるとはよっぽどだなと思いました。母が働いていることが問題ではなく、そもそもの親子関係の問題ではないのかと感じました。

それでも、この男性は子持ちの女性が働くことにその原因があると決めつけている様子でした。男性の母親がどのような気持ちで仕事に行っていたのかは分かりません。しかし、大なり小なり葛藤はあったのではないかと思います。

女性スタッフが私を気遣うように言いました。

「お母さんが働いていたならば、より団姫さんの気持ちは分かりませんか？」

確かに、「母子家庭で母親が働いていた」という経験があるならば、より、子育てをしながら働く女性の気持ちに寄り添ってくれても良さそうなものです。それでも「僕は理解できません」と言うので、こちらもはっきりと言いました。

「毎年お世話になっていて本当に感謝しているので、今年も泊りで来させていただきました。でも、正直なところを申し上げれば、泊まらなくても最終の飛行機で無理したら帰れるんです。それでも、この懇親会を皆さんが非常に楽しみにしてくださっているというので割り切ってきました。それなのにこのようなことを言われて、たまりません」

翌日、この男性からお詫びの電話とメールが届きました。周囲のスタッフから相当注意を受けたのでしょう。そして、これに懲りずまた来年も来てほしいと言ってくださいました。

しかし、私は懲りました。心の底でこのように思っている主催者の落語会にイヤイヤ出る暇があるのであれば、家で息子との時間を過ごしたい。そこで、「また来年も」を丁寧にお断りしたのです。落語家としてそれで良いのかは知りません。でも、私はその落語会で落語をする気力はなくなってしまいました。そんな落語をお客様にお見せするわけにもいきません。この出来事から、子育てと仕事のバランスについて意外と繊細な自分がいることに気が付きました。

働いてもストレス、働かなくてもストレス

それからしばらくして、東京の仕事へ行くときのことでした。まだ授乳中だった私は、子どもと離れているときは乳腺炎になるのを防ぐため、搾乳機を使って母乳を絞らねばなりませんでした。そこでいつものように新幹線のお手洗いで搾乳機を使い母乳を絞り捨てると、急に「なんで息子に飲ませるための母乳を私は新幹線で捨てているのだろう」と血の気が引きました。嬉しそうに母乳を飲む息子の顔を思い出すと、涙が出てきました。

それでも、高座に上がりお客様の笑顔を見ると、私の本来の姿はこれだ！と、確信が戻ってきました。しかし、帰りの新幹線でまた母乳を捨てると、暗い気持ちになりました。

働いていてもストレス、働かなくてもストレスだったのです。

そして、自分ひとりでも痛いほどストレスを感じるのに、さらに外野から「子どもがかわいそうだから仕事を休め」と言われたり、反対に「男ばかりの落語界で仕事を休めば取り残される！　だからバリバリやらなきゃ！」と言われると、どれもこれもストレスを倍

増させました。溢れかえっていました。

ある日、限界を感じた私は、私のどんな仕事スタイルも受け入れ応援してくれるマネージャーのHさんに相談しました。そこでシンプルに「ストレスになる仕事は断る」というスタイルでいくのはどうかという話しになったため、具体的になにがストレスなのかを書き出すことにしました。すると、私の苦しみの原因は大まかに三つであることが分かったのです。


「母乳を捨てること」

「夜、子どもにおやすみなさいと言えないこと」

「一緒に公園へ散歩に行く時間がないこと」


これをもとに事務所で話し合い、仕事の入れ方を考えたのです。

「母乳を捨てること」については、はじめ「遠方の仕事はすべて断る」という極端な考えでしたが、Hさんは「遠方であっても、子どもを連れて行っても大丈夫、なおかつ公演中に主催者が子どもを見てくれるところであれば、一緒に行って授乳できるんじゃないですか？　そういうことは私が主催者に交渉できますから、団姫さんの負担にもならないですし、どうでしょう？」と提案してくれました。

この方法をはじめると、遠方のご依頼でも半分は子連れを歓迎してくれたので、ストレスなく遠方にも行けるようになりました。また、子どもの受け入れはできないという仕事は割り切って断れるようになりました。

さらに、「夜、おやすみが言えない」ストレスは、なるべく午前中や昼間の仕事を優先で入れることで解決しました。当たり前ですが、夕方帰宅できれば一緒に寝ることができます。そこで、「何時開演でも良さそうな主催者」には早めの開演を促したり、「出演者が複数いる場合の講演会」では、順番を早くしてほしいと頼んでもらえることになりました。そんなことができるのか、許されるのかとはじめは不安でしたが、なんでも思ったことはやってみるものです。ほとんどの主催者が快く承諾してくれました。

そして「公園に行けない」は、実はちょっとだけフクザツな問題でした。単純に考えれば、午後からの仕事であれば午前中に公園に行けば良いだけの話しです。しかし、芸人としてはベストな状態で舞台に臨みたいため、出番まではとにかく体力を温存したいのでした。そこで、これもなるべく仕事を午前中にすることで、昼からは心置きなく子どもと公園で遊べるようになりました。

ストレスをため込むことは、自分自身はもちろん、子どもとの時間にも良い影響を与えません。ＳＯＳを発することの大切さを痛感し、そしてまた、このような選択を出来る環境やご縁に改めて感謝したのでした。


それにしても、今も昔も母親を幾度となく葛藤させてきた「仕事と育児の問題」ですが、本当に世間が言うように母親が働くことはデメリットなのでしょうか？

実は、そうではありません。母親が働く姿は子どもにとって大きなプラス効果を生み出すことが最近分かってきたのです♪

母親の働く背中で子は育つ

母親が働くメリット

あるとき、息子が小学校に上がるまでの間いっそのこと仕事を休もうかと考えていた私に、大阪のマザーズハローワークから講演依頼がきました。子育てをしながら働く女性、働こうとしている女性たちを勇気づけ、応援するような内容を話さなければいけません。

そこで、これまで世間で言われてきた「母親が働くデメリット」をくつがえすような「メリット」を探してみようと思いました。このメリットを探し、伝えることは、自分自身を励ます意味もあると思ったのです。

「良いタイミングで良いご依頼をいただいた」——早速、イキイキと働く先輩女性たちに話しを聞いていくと、想像以上に面白いメリットがあることが分かりました。その結果は私に働くことへの自信を再び与えてくれました。

お母さんが働いていたおかげで……

まずは、夫と共働きで男の子を育て上げた女性。仕事が忙しく、帰宅してもいつもバタバタで家事をしていました。そこである程度の年齢から息子さんに食器を拭く、洗濯物を畳む、お風呂を洗うなどのお手伝いをしてもらっていたそうです。

そんな息子さんは中学生になると夏休みには「ラーメンぐらいなら自分で作れるから昼ごはん気にしなくていいよ。気をつけてね」と母親を仕事へ送り出していたとか。母としてはじゅうぶんにしてやれなくて申し訳ない気持ちだったと言いますが、そんな息子さんが結婚して子どもが出来ると、あるとき、母親にこう言ったそうです。

「おれたち、お母さんが働いてくれてたおかげで夫婦関係うまくいってる、らしい（笑）」

「それ、どういうこと⁉」

息子さんは、妻から言われたことを話しはじめました。

曰く、息子さんの妻は結婚する前に数人の男性とそれなりのお付き合いをしてきたそうですが、どの男性もことごとく家事をしなかったそうです。

泊りで遊びに来ても、ご飯は作ってもらって当たり前、片づけなくて当たり前、食べ散らかして当たり前、靴下もぬぎっぱなし……風呂洗いを頼めば嫌な顔をされ、洗ったら洗ったで〝やってやった感〟がすさまじく、もうウンザリ……ところがどっこい。「男なんてどいつもこいつも家事しないし、彼女を母親かなにかと勘違いしている」と諦めていた矢先に息子さんと付き合いだしたところ、息子さんが当たり前に家事をするので、「この人となら一緒に生活できる」と思ったそうです。

そして、実際に結婚してみると家事はもちろん育児もしっかりとするので、「好きなのはもちろんだけど、こうやって家事育児を当たり前にしてくれるからより仲良くできている気がする」と言われたとか。それを聞いた息子さんは、小さい頃の出来事を思い出しました。

「パンツがない！」

息子さんは小さい頃、ある男友達の家へ遊びに行くといつもお母さんがいて羨ましく思っていました。しかし、まるで召使のようにかいがいしく友達を世話する母親と、それを偉そうに呼びつける友達の姿になんともいえない居心地の悪さを覚えていたそうです。

そんな友達と林間学校へいったとき。

風呂を上がると、友達が「パンツがない！」と騒ぎはじめました。そりゃそうでしょう。

脱衣所へあらかじめ下着を持ってきていなかったのですから。「だって、いつも家ではお母さんが、おれが風呂入ってる間に出しといてくれるから」と聞いたときには、あきれながらも「そうか。うちはいつもお母さんが忙しいから自分で下着を出すのが当たり前だったけど、いつもなんでもかんでもしてもらって当たり前だとこんなことになるんだな」と思ったそうです。

そこで、自分のことは自分でやる、家事や育児は性別関係なくやって当たり前という男性になれたのは、母親が働いていたおかげだと照れながら感謝を口にしたそうです。

これを聞いた母親。葛藤しながら働いていた時期もあるそうですが、本当に報われる思いだったといいます。

女性に仕事を辞めさせるという発想がない

他にも、様々な面で「働く母親を持つ男性」は夫婦円満を生み出します。

とある働く女性の息子さんは、あるとき妻から「あなたは私に仕事を辞めろといわないからいいいわ」と言われたそうです。

なんでも、妻は元彼から「結婚したら仕事を辞めろ、女は無理して働くことない」と言われたそうで、そこには彼女が仕事に対してどうやりがいを感じているか、どんな夢を持っているかは全く考慮されていませんでした。結局、それが原因で破局。こういう男性はまだまだいるのですが、彼らはまさかそれが破局や離婚の原因にぶっちぎりでランクインしているとは夢にも思っていません。

しかしそんな男性が多いなか、身近な女性である「母親」が働いているのが当たり前の環境で育った男性は、よっぽどでない限り「結婚したら女性には仕事を辞めてほしい」の発想には至らないため、妻に仕事を辞めろと言わないのは当然のことなのでした。

夫婦関係はもちろんですが、このような男性が職場においてリーダーになった場合、どうでしょう？　きっと、優秀な女性の芽を摘むことなく、その才能に応じて育てることが出来ると思います。

母親が働くことは、子どもの将来の私生活、また職場においてもさまざまな利益をもたらすのです。

こんな取材を繰り返していくうちに、私の夫も働く母親の影響を受けてきたひとりだなと感じました。

夫の母親は看護師長まで務めた人で、非常に忙しく働いていました。そのため夫は小さい頃から鉄道整備士の父親とともに家事をこなしていたそうです。結果、私と結婚した今も当たり前のように家事育児をし、私の仕事を応援し、協力してくれます。夫と家事や育児を分担できることは、確かに夫婦円満の秘訣となっています。

私も活躍する女性になる

そして、女の子の場合も、やはり働く母親の存在は偉大です。

最近の調査では、働く母親を持つ女の子は一番身近な同性である母親の働く姿を見ることによって、自然と、自分もバリバリと働くイメージを持つようになることが分かってきました。身近なところにモデルがいることは非常に重要なのですね。

そしてこれはなにも母親に限ったことではありません。街のリーダーも同じです。

第二章では尼崎市長・稲村和美氏について述べましたが、実は尼崎市は前市長も白井文氏という女性でした。女性が二人続いて市長になったのは全国で尼崎がはじめてだそうですが、ここで面白いことが起こっているのです。

というのも、白井氏の就任時から計算すると、尼崎市は女性市長になってかれこれ十七年。そうなると、高校生以下のお子さんのほとんどは女性の市長しか知らないのです。

そんな尼崎市内で、先日、小学生の男の子が母親にこう聞いたといいます。

「市長って、女の人しかなったらアカンの？」

聞かれた母親はビックリ仰天しながらも、「男女関係なく、なりたい仕事に就いたらいいんだよ」と伝えました。男の子は「へー！　じゃあ、女の人がなってもいいし、おれがなってもええんやな！」と白い歯を見せたそうです。

良い意味で、このような質問が出てくるのは女性市長が当たり前になってきた尼崎市ならではだと思いました。私はこのような話しをまだよその市町村で聞いたことがありません。

また、市内には他にも市長の姿を見て、「私も将来市長さんになりたい」という女の子もいるといいます。街全体の児童の生活や成長、教育を荷っている市長。その市長が働く姿も、また大きな教育の一つとなっているのでした。

働く女性の姿は、次世代に大きな意欲と目標をリアルに投げかけてくれます。

専業主婦はデメリットなのか

では、母親が働くことが子どもに良い影響を与えるのであれば、反対に専業主婦は子どもに悪影響を及ぼすのでしょうか？　もちろん、そんなことはありません。

やはり物事にはそれぞれの良さがありますから、専業主婦であれば子どもとの時間をたくさんとることができますし、サポートできる範囲も広がります。これはこれで子どもにとってとても大切なことです。

そしてもし仮に、働く母親、専業主婦がそれぞれに子どもとの関係で意識すべきことがあるとすれば、働く母親の場合は子どもとの貴重な「時間の過ごし方」への工夫でしょうし、専業主婦の場合は「自立を促す」工夫だと考えます。

なぜ「自立を促す」ことをわざわざ意識しなければいけないのかというと、人間、どうしても可愛い我が子のためにあれやこれやと世話を焼きたくなってしまうものです。だからこそ、先述のキャンプでの下着事件しかり、今一度、それは子どもの自立を促す行為なのか邪魔する行為なのか考える必要があると思うのです。

では、ちょっとここで〝ザンネンすぎる息子〟をご覧いただきましょう。

ザンネンすぎる息子

関東に住む私の友人。転職活動を経てやっと決まった会社へ入ると、同僚にちょっとイイ感じのイケメンがいたそうです。その話しを聞いて私も「もしかして恋の予感？」と勝手に盛り上がっていたのですが、その後、それが恋に発展することはないのでした。なぜなら……

「○○さんて、彼女いるんですかね？」――ある日のこと、会社に馴染んできた友人は同僚の女性にそれとなく聞いてみました。すると同僚が「ナイナイ！」と首を横に振ります。なんで？　と不思議な顔をする彼女に同僚はクイズを出しました。

「実は○○さん、入社したての頃、毎日会社で出てくるお弁当をなぜか三日間食べなかったんだよね。なんでか分かる？」

友人は考えました。昼ごはんは食べない派？　ダイエット中？　しかし、同僚は首を縦に振りません。ヒントを聞けば「母親」とのこと。

「分かった！　お母さんの料理じゃないと食べたくないとか？」しかし、これも不正解でした。そこで気になる正解を聞くと……？

「正解は、『女子社員がお弁当を持ってきてくれないから』でした！」

？？？

よく分からない回答でした。その心を聞くと……それはそれは、身の毛もよだつ恐ろしい話しだったのです。

というのも、さすがに三日も弁当をたべない彼に、他の男性社員が体調でも悪いのかと声をかけたところ、このような返事があったということでした。

「なんでこれだけ女の人がいるのに誰も僕の机に弁当を持ってこないんだ。家では全部お母さんがしてる。こういうことは女の人がするべきことなのにどうなっているんだ。これでは弁当を食べられない」

と、憤っていたというのです。せっかくのイケメンなのにザンネンすぎる彼。常に彼女募集中だそうですが、誰も寄り付かないということでした。

少しビックリな例ではありましたが、パターンは違えど、こういう男性は世の中にゴロゴロいます。

人間、してあげることだけが愛情ではありません。子どもとの時間があればあるほどいくらでも、なんでもしてあげられるだけに、「してあげない」愛情も本人の自立のためには欠かせない工夫なのです。

いかがでしょうか。働いていても、専業主婦でも、どんなスタイルの生き方も決して間違ってはいません。やかましく否定的なことを言ってくる人は、自分が納得できない人生を歩んでいるから他人を道連れにしたいだけなのです。

一番悲しいのは、そのような言葉に惑わされ、迷いながら、自分を否定して生きること。

「私はこう生きる」と、すべての女性に自信を持っていただきたいものです。

子どもは親のものではない

息子は恋人？

有り難いことに、マザーズハローワークからの仕事を通して子育てをしながら働くことの喜びを知った私は、自信を持って働き、自身の社会での役割に全力で取り組めるようになりました。

さっぱりとした気持ちになってからは、何かに追い詰められているように感じていた息子との時間も、とても余裕を持って過ごすことが出来ています。もちろん、その時間を過ごすことができるのは夫の様々な工夫や気遣いがあってのことですから、本当に息子のおかげで夫婦の結びつきもより強くなりました。

私は正直小さい頃から「子ども」が苦手で、自分が親になっても愛情を持って育てられるのか不安に思うこともありました。しかし実際に子育てをしてみると、毎日が喜び、面白さに溢れています。体力的にはつらいときもありますが、息子の成長がこれほど嬉しいとは思いませんでした。

そんな私が、今、息子を愛しているからこそあらためて気をつけようと考えていることがあります。それが、「息子を恋人のように思わない」ことです。

夫との関係は？

以前、ファミレスで原稿を書いていると、隣の席からこんな声が聞こえてきました。

「息子の可愛さといったら娘の比じゃないわ。息子は理想の恋人よね〜！」――中年女性二人組のはしゃぐ声に、ドキッとしました。どうやら、互いの息子は大学生のようです。そしてその恐ろしい会話が終わると、今度は夫への不平不満がはじまりました。

実は世の中には本気度の差こそあれ「息子を恋人のように思っている」女性が一定数います。そして、彼女たちの共通点はというと、いずれも「夫と不仲」だということです。

この根本的な問題に気付いている当事者は非常に少なく、また、息子を恋人のように思っていることは「依存」ではなく「最大の愛情だ」と考えている人も少なくありません。夫への希望や期待を不仲であるがゆえに、若く夫と似た我が子にスライドさせてしまうことは、とても危険です。

「妻」に「母親」を求める男性は困ったものですが、「息子」に「夫」の役割を求める女性もまた数多く存在します。

では、母親が息子を恋人のように思いはじめると、どんな弊害が起こるのでしょうか。息子にとって、それは「負担」以外のなにものでもありません。

あるとき、母親から恋人のように思われている男性からお悩み相談を受けました。彼は「母親」という鎖にずっと繋がれているような気持ちだといいます。依存としか言いようのないメール。独立してからもたびたび贈ってくる洋服の数々。「あなたが結婚したら、お母さんどうしたらいいの？」という、冗談めかした束縛。

何度も何度もその鎖を断ち切ってしまおうと考えたそうですが、どうしても、母親であるがゆえに無碍にするわけにいかず、母親からの依存を煩わしくは思うものの、悲しい顔はさせられない、と苦笑いで過ごしてきたのでした。「愛」という仮面をつけた息子への「依存」は、息子を苦しめ続けていたのです。そして、このようなケースの大半は母親の中で無意識のうちに行われているため、これも一種の「毒親」と呼べます。

このような相談や体験を多くの息子、また母親から聞くたびに、自分自身もそうならないよう気を付けようと心してきました。そして、その問題の根本にはやはり「夫婦関係」

が潜んでいるため、夫との関係を良く保つことが息子を束縛しない秘訣だと考えています。

「息子さんは将来、なにになならせるの？」

では、良い親子の関係とはいったい何でしょうか。家庭によって事情は様々でしょうが、やはり、「子を親の私物化しない」ということが大切です。もっと簡単にいえば、「子を一人の人間として尊重する」ということです。

近頃、毎日のようにお客様から「息子さんは将来なにに**ならせる**の？」と聞かれるようになりました。「落語家？　曲芸師？　坊さん？　クリスチャン？」と。

しかし、答えはいずれもＮＯです。息子がやりたいことをやれば良い、もちろん、信仰も自由だと考えています。するとお節介な人は、「でも、息子さんが曲芸師になったり、クリスチャンになったら団姫さんの〝負け〟だと思いませんか？」と囃し立ててきますが、息子の生き方で自分の人生を評価することじたいがすでに世間体というどうでもよいモノサシに負けているのであって、私自身は本当に息子がどんな職業を選ぼうと、クリスチャンになろうと、良いのです。息子が自分自身で望む道を歩むことほど嬉しいことはありません。

世間では、「ピアニストになりたかったけどなれなかったので子に夢を託す」と美しい言葉で言いながら、望んでもいない子に厳しくピアノを習わせる親がいます。これは案外見落とされがちなことですが、将来の夢を親から「強要」され続けることは、子にとってどれだけの負担なのでしょうか。信仰にしても、同様です。

子どもは親のものではない

話しは少し逸れますが、日本では殺人は咎められても、親による子の殺人でもある「親子心中」は社会的にあまり咎められません。それだけ、人々の中に「子どもは親のものである」という意識が流れているのです。海外では親子心中は「殺人」として取り扱われますが、なぜか日本では親の手によって殺された子どもたちの命は、その重みを感じてもらえません。親の死に道連れにされて良い命など、本来、ひとつもないのです。

近年、虐待に関しては世間のとらえ方が少しづつ変化してきましたが、親子心中への反応をみると、この国の「子の私物化」はまだまだ根深いものがあります。

命ですら親の自由にできるという錯覚がある社会では、子の将来も親のものだという感覚に陥る人がいるのも不思議ではありません。

我が家の家訓

私たちは、夫婦それぞれに将来の目標があり、信仰を持っています。それらを息子に押し付ける気などさらさらありません。そこで、自然と決まった我が家の家訓があります。

「自分の夢は自分で叶える、自分の信仰は自分で歩む」

親子であれ、夫婦であれ、自分のかわりになる人間はいません。家族であるからこそ、一人ひとりを尊重し、助け合うことが必要です。

本来、無限大である息子の可能性を無限大のまま未来へつなげていくことが私たちの親としての務めです。

とはいえ、息子もまだ五歳。幼稚園でのどろんこ遊びや秘密基地作りに全力を注ぐ毎日です。将来の職業などまだ先で良いのに、先日、たった一人の孫が可愛くて仕方がない私の父が、母である私の教育方針を押しのけ、息子に勝手に聞いたのです。

「将来は、なにになりたいか決まった？　落語家か？　坊さんか？　曲芸師か？　おじいちゃんに教えて」

「しょうらいって、なに？」

「大人になったら、なにしたい？っていうこと」

すると息子が閃いたように答えました。

「うん、大人になったら、ビール飲みたい！」

これには一同、ズッコケでした。


息子は将来いったいなにになるのか？

別姓のために事実婚を選んだ私たちがまた婚姻届けを提出できる日はくるのか？

未来は誰にも分かりませんが、より自由な生き方を家族みんなで仲良く選びとっていきたいと思います☆

教えて！　津久井先生　～弁護士・津久井進先生による法律マメ知識～

③日本国憲法に「両性の平等」を起草した女性

「ところで団姫さん、日本国憲法に〝両性の平等〟を起草した女性、ベアテ・シロタ・ゴードンさんをご存知ですか？」

「いいえ、憲法の起草に女性が関わっていたとは初耳です！」

「ベアテさんは、一九二三年ウィーンの生まれ。ピアニストの父に連れられ五歳のときに一家で来日して、約十年間日本で生活をしました。その際、日本の女性たちがまるで召使のように家庭の中で給仕をしたり、社会的役割がないことに強い疑問を抱いたのです」

「三歩下がっている日本女性にドン引きしたわけですね」

「そうです。日本の女性差別に驚いたベアテさんは、ご自身もアメリカの大学を卒業後に就職したタイム誌での業務で女性差別を経験しました。そしてベアテさんは終戦後の一九四五年一二月、ＧＨＱの民間人要員として再来日します。そこで日本の憲法草案を作る極秘任務を与えられたのです」

「どんな案だったのでしょうか？」

「たとえば、憲法十四条のもととなった〝すべての人間は法の下に平等である〟をはじめ、憲法二十四条における〝婚姻と家庭とは、両性が法律的にも社会的にも平等であることは当然である〟、また〝個人の尊厳〟や〝両性の本質的平等〟についても、すべてベアテさんが考えた草案でした。他にもベアテ草案では、妊婦や幼児、養子についても差別はあってはならないと述べられています」

「素晴らしい！　でも、当時の頭のカタイ男性たちがこれをすんなり受け入れたか疑問です」

「さあ、そこです。団姫さんの想像どおり、日本政府の代表はこれらの条項に強く反対しました。しかし、GHQ側も負けてはいません。これはベアテさんが女性の立場を考えながら書いたものだと説得したため、ついに日本国憲法に両性の平等に関する条項が加えられたのです」

「そうでしたか！　私は仏法に生かされていますが、仏法の〝法〟も、法律の〝法〟も、どちらの〝法〟もみんなが幸せになるためのものなのですね♪　せっかくなのでここで謎かけを一つ！　〝ベアテさん〟とかけて〝ジャッキー・チェン〟ととく！」

「そのこころは？」

「どちらも、ケンポウの達人です」

「うまい！　座布団三枚！」

「いいえ先生、三枚でなく、コラムはこれで、おしまい（四枚）です☆」

おわりに

仏教における自立とは

十八歳で社会へ出てから十四年。あの頃、高校を卒業してはじめて社会へ足を踏み入れた私は、常に、自分はたったひとりぼっちで、周りにいる人はみんな敵であるかのように感じていました。

他人に絶対隙を見せてはいけない、負けてはいけない、弱みを握られてはいけないと必死で、誰かに頼ることなどあってはならないと言い聞かせていたのです。

しかし、落語界、仏教界、また、地域や家庭という様々な環境の中で多くの人たちとご縁をいただくうちに、「自立」とは決してそのようなものではないことに気が付かされました。私が意固地になってなろうとしていた姿は「孤立」だったのです。

仏教で説かれる「自立」とは、ひとりでなんでもできるということではありません。そもそも仏教では、人間は自立できない生き物であるともいわれています。なぜなら、どんな人も必ず他者とのご縁をいただかなければ、生きてはいけないからです。

真の「自立」とは、「共生」のこと。

多種多様なご縁の中に生かされていることを知り、信頼する人とのご縁を結んでいくことが自立の第一歩です。

生きづらい世の中だからこそ、強がる必要などありません。弱いから、強がってしまうのです。

自分の弱い部分を隠さず、その状況によって頼るべき人に頼ることができるようになれば、これほどの強さはありません。

人間、誰しも長所と短所を持っています。その己の長所と短所をよく見極め、認め、自分自身を肯定してあげることこそが、生きやすさへのヒントなのです。

女性として、ではなく、一人の人間としての可能性を

近年、各業界で活躍する女性が増え、それぞれが注目を集めるようになりました。しかし、まだまだそのスポットの当てられ方は不十分で、「美人すぎる○○」など、本人の能

力とは無関係である場合がほとんどです。ジェンダー教育が遅れている日本では、どうしても男性多数の現場でこのような現象が起こりがちですが、やはりこの状況を変えていくには、どんどんと女性が活躍するほかありません。女性が活躍することが当たり前の世の中になれば、能力とは無関係のいらぬ注目もなくなるわけですから、そうなってこそ、はじめて男女が対等に働ける環境であるといえるでしょう。

数年前、「三十五億」というネタが一世を風靡しました。私たちは自分のことを世界中の三十五億分の一の女性、ないし男性と思っていたり、また、七十億人分の一人ととらえがちですが、実はそうではありません。

人間は、一人ひとりがかけがえのない大切な宝であり、それぞれがその生に使命を帯びています。だからこそ、一人の人間の存在は決して「七十億分の一」ではありません。素敵な人間が七十億も集っている、「一×七十億」の世界なのです。

あなたも私も大切な社会の構成員の一人であり、主役です。どんな小さな集団の中でも、またこの大きな地球という生命の中でも、一人の人間として遠慮することなく胸を張って生きていいのです。

女らしくなく、男らしくなく、自分らしく

私がはじめて頭を丸めた二十五歳の秋。母は、目の前で髪の毛を剃り落としていく私に聞きました。

「私は団姫に男も女も関係なく好きなことをやりなさいって言ってきたけど、まさかお坊さんになるとは、さすがにビックリしたよ。でも……本当に髪の毛、いいの？」

そこで私も、本当にこれで良いのだ、ここからが私の本当のスタートなのだと答えると、母がなんとも嬉しそうな顔で言いました。

「良かった。団姫が、女らしくなく、男らしくなく、自分らしく育ってくれて」

「女らしくなく、男らしくなく、自分らしく」――これは、私が母からもらってきたプレゼントを一言で表すものでした。

女という枠にはまる必要はない、だからといって男になろうとする必要もない。性別にとらわれない生き方が、「わたし」をどんどん自由にしてくれます。

元来、小心者でマイナス思考の私は、「生きづらい」当事者になるはずでした。しかし、自分を縛らず、そして他人を縛らない生き方をすれば、とても生きやすくなることを母は様々な場面で教えてくれました。

お釈迦さまは人それぞれに合わせた説法を得意とされたといいますが、今、私は「自分らしく生きる」ことを、落語や法話の中で様々な形にして多くの人へお伝えすることが自分の使命だと考えています。

なかには、「自分らしく」が何か分からないという方もいるでしょうが、それは決して難しいことではありません。自分の気持ちを大切にして、それを形にしていくという非常にシンプルなものです。しかし、物事はシンプルなものほど難しいものですから、まずは身近なところから自分らしさを探していくと良いでしょう。パートナーや友人が、あなたといるときに笑顔になってくれた、喜んでくれたことを思い出すのも、「自分らしさ」を見つける一つの方法です。

平凡な人間、そして平凡な人生など決してありません。どんな人にも必ず特色がありま す。本来持っている素敵な色を隠し、いつまでも世間の色に染まれる透明のフリをする必要などありません。なにより、透明のフリをしていたら、知らぬ間に本当に透明人間として扱われるようになってしまいます。

自分の色を捨てないことが「自分らしく」への第一歩。

そして、自分にピッタリの色を知りながら、他人の色もまた美しいことを素直に認められるようになれば、それはもう「自分らしく」なっている証拠です。

色んな色が集まれば、とってもカラフルな世界が生まれます。男だから青、女だから赤では世の中たったの二色です。性別にとらわれないカラフルな世界のほうが、面白いこと間違いなしですよネ♪

これからの目標

私の信じる仏教の教えは「みんなで幸せになろうね」というコンセプトを持っています。約二千五百年前に悟りをひらかれたお釈迦さまは、老若男女、産まれも育ちも関係なく、すべての人が生きづらさから解き放たれ、生きやすくなることを願われました。そして、お釈迦さま亡きあとも、その祈りと教えは生き続けています。

私は小さい頃から変わり者でしたが、自分でも、まさか「落語家」兼「僧侶」というトンデモナイ変わり者になるとは思っていませんでした。しかし、自分の気持ちに正直に生きてきた結果が今ですから、この道はきっと私の目標へと繋がっているはずです。

私の落語家としての目標は、やはり「名人」といわれるようになることです。名人の定義がないため何をもって名人とするか難しいところですが、お客様に喜んでいただける、味わっていただける、私にしかできない落語を目指しています。

そして、お坊さんとしての目標は、自死する人を少しでも減らすこと。ありとあらゆる生きづらさが自死という悲しい結果を産み、またその自死があらたな苦しみを産んでいます。

まだまだ人生経験の乏しい私ですが、もう誰ひとりとして自死を選んでほしくないという願いは今も昔も変わっていません。あらゆる悩み苦しみを抱える人と積極的に関り、苦を和らげるお手伝いをしたいのです。

悩むことは決して悪いことではありません。葛藤は、幸せになるための魂の躍動なのです。

「抜苦与楽《ばっくよらく》」——これは、仏様の慈悲を表す言葉で、人々の苦を抜き、福楽を与えることです。毎度ばかばかしい落語でお客様の苦しみを和らげ、仏様のあたたかな教えで笑顔になっていただくことが二大テーマの私にとって、「抜苦与楽」は目標そのものです。

私は、これからも私らしくその使命に生きていきます。女性だからと怖気づくことはなにひとつありません。せっかく授かったこの命、この体です。卑屈にならず最大限活躍してみようではありませんか。

今まで出会ったすべてのご縁に感謝して、そしてこれから出会うすべてのご縁を楽しみに、自分らしく生きていきましょう。

世の中を変えることが出来るのは、男性でも女性でもありません。

たった一人の「あなた」なのです☆

露の団姫

令和元年六月吉日

【著者紹介】

露の団姫（つゆのまるこ）

1986年生まれ。落語家兼尼僧。兵庫県尼崎市在住。落語家になるか尼さんになるか悩む中、落語の創始者、初代・露の五郎兵衛が僧侶であり、説法をおもしろおかしく話したことが落語の起源と知り、2005年、高校卒業を機に露の団四郎へ入門。2008年、内弟子修業を終えて、大阪の繁昌亭はじめ寄席・テレビ・ラジオなどでも活躍。2011年、第6回・繁昌亭輝き賞を最年少で受賞。2017年、第54回・なにわ藝術祭落語部門新人賞受賞。その一方で、15歳のとき、「生と死」の問題から「法華経」に出会い、感銘を受ける。2011年、法華経を世に広めるため天台宗で出家。2012年に比叡山行院での修行を行い、正式に天台宗の僧侶となる。「一隅を照らす運動広報大使」も務める。著書には『法華経が好き！』、『団姫流 お釈迦さま物語』『聖♡尼さん―「クリスチャン」と「僧職女子」が結婚したら』（いずれも春秋社）、『プロの尼さん―落語家・まるこの仏道修行』（新潮新書）、『露の団姫の仏教いろは寄席』（佼成出版社）ほか。

露の団姫公式ホームページ　http://www.tuyunomaruko.com/

女らしくなく、男らしくなく、自分らしく生きる

2019年 9 月 20 日　第 1 刷発行

著　　者　　露の団姫
発 行 者　　神田　明
発 行 所　　株式会社 春秋社
〒101-0021　東京都千代田区外神田2-18-6
電話　03-3255-9611（営業）
　　　03-3255-9614（編集）
振替　00180-6-24861
http://www.shunjusha.co.jp/
装　　画　　水谷さるころ
装　　丁　　野津明子
印刷・製本　萩原印刷株式会社

ISBN978-4-393-43656-1　定価はカバー等に表示してあります

露の団姫

法華経が好き！

落語家兼尼さんで「何よりも法華経が好き！」という著者が、法華経の教えの要点と魅力を軽妙な語り口調でユーモアたっぷりに説いた、日本一わかりやすい「法華経の入門書」。

１５００円

露の団姫

団姫流　お釈迦さま物語

落語家で尼僧の著者による「初心者向け」の仏伝。誕生から修行や悟り、涅槃まで、釈尊の生涯を読み解く80のキーワードを選び、ユーモアも交えつつ見開き完結型で明快に解説。

１５００円

露の団姫

聖♡尼さん

「クリスチャン」と「僧職女子」が結婚したら。

尼さん妻とクリスチャン夫の、異宗教結婚生活！夫婦最大の壁は、宗教の違いではなく発達障害⁉二人の乗り越え方とは？　宗教ギャグ満載、神様仏様も大爆笑の夫婦エッセイ！

１４００円

天台宗　一隅を照らす運動総本部／さくらいひとし［絵］

（絵本）

おしえてしょうぐうさん

いのちのはなし

「しょうぐうさん」が、こどもたちに、〈いのち〉の大切さと、みながいきいきと生きることの素晴らしさを語る、素敵な魅力あふれる絵本。おとうさん、おかあさんにもお薦めの一冊。

１０００円

▼価格は税別